S'affirmer sans s'imposer

Techniques d'affirmation de soi
pour gérer les conflits
et établir des relations positives

Gilles Prod'homme

S'affirmer sans s'imposer

Techniques d'affirmation de soi
pour gérer les conflits
et établir des relations positives

DUNOD

ISBN 2 10 004086 3

Mes remerciements vont à Chantal Siebenfoercher
pour sa collaboration à la rédaction de ce livre.

Table des matières

2 D'abord, construire une image positive de soi

3 S'affirmer, pas s'imposer

4 Gérez votre assertivité spatiale

5 L'affirmation de l'affirmation

6 En public

7 Programme d'action sur 1 mois

8 L'affirmation de soi, clé du développement personnel

Avant-propos

Auquel d'entre nous n'est-il pas arrivé un jour de s'écrier : « Ah, si j'avais eu la présence d'esprit de lui dire son fait au lieu de rester silencieux et de me laisser marcher sur les pieds. »

Ou bien : « Mais comment font-ils, les autres, pour se mettre si facilement en avant et s'arranger toujours pour tirer les marrons du feu alors que moi, c'est à peine si on m'écoute quand j'ouvre la bouche ? » À moins que vous ne pensiez en votre for intérieur : « Décidément, je ne sais ni m'imposer ni faire valoir mon point de vue. À la moindre résistance, j'abandonne le terrain. C'est tout moi ça ! »

On pourrait multiplier les exemples. Si notre éducation et notre formation nous préparent assez bien à résoudre des problèmes techniques toujours plus complexes, elles nous laissent à peu près désemparés quand nous devons nous livrer à des actes pourtant essentiels dans toute réussite professionnelle :

- prendre la parole en public ;
- animer une réunion ou y participer de manière active et constructive ;
- résoudre des conflits de personnes au sein d'une équipe ;
- émettre un jugement et le faire partager par les autres, voire même, si nécessaire, l'imposer mais sans risquer de se mettre les autres « à dos » ;

— bref s'affirmer et faire valoir toutes ses prérogatives au sein de l'entreprise.

Or, l'homme moderne passe le plus clair de son existence dans la sociosphère, c'est-à-dire au sein d'organisations et de groupes humains de plus en plus nombreux, multidimensionnels, complexes (école, université, associations, systèmes divers de formation, famille, entreprise, réseaux de relations à la fois privées et professionnelles...).

Bon gré mal gré, nous devons apprendre à conduire rationnellement nos relations interpersonnelles et prendre la place qui nous revient dans la société en général et l'entreprise en particulier. Pas si simple !

À moins, bien sûr, de disposer d'un outil opérationnel (ad hoc selon la terminologie des spécialistes) comme l'assertivité ou affirmation de soi.

L'ambition de ce petit livre, résolument didactique, pratique et pédagogique, est triple.

1. *Vous enseigner les principes et procédés de l'affirmation personnelle.*
2. *Vous aider à gérer plus efficacement au quotidien votre communication avec votre entourage professionnel.*
3. *Vous fournir les moyens concrets de résoudre de façon constructive la plupart des conflits interpersonnels.*

Sans oublier, probablement, l'essentiel : bâtir une attitude positive durable dans un monde de l'entreprise en perpétuelle mutation.

Une dernière remarque avant d'entrer dans le vif du sujet : l'esprit de cette collection vise essentiellement l'univers professionnel. Mais grâce à la pratique régulière de l'assertivité, vous constaterez combien la différence entre sphère privée et sphère professionnelle est arbitraire. Bref, vos nouveaux talents vous seront d'un grand secours au foyer aussi bien qu'au bureau !

Découvrez sans tarder tout le parti que vous pouvez tirer de l'assertivité.

Introduction

Assertivité. La traduction française du terme anglais *assertiveness* rend peu compte de la richesse du verbe *to assert.* Selon le bon vieux dictionnaire, ce verbe signifie (s')affirmer bien sûr, mais également, soutenir, prétendre, défendre ses droits, oser donner son opinion (sans agressivité), rendre son avis sur une question importante, être en mesure de faire face à une situation conflictuelle grâce à la communication. Une longue série de notions et interprétations connexes évoquant toutes *l'idée d'un individu capable d'affirmer sa personnalité et ses choix* face à des interlocuteurs pas toujours animés des meilleures intentions.

L'assertivité ou affirmation de soi trouve son application dans le domaine – par nature complexe – des relations humaines. En effet, un homme vivant sur une île déserte n'aurait guère l'occasion d'exercer ses talents assertifs ! Car c'est bien dans la vie en commun, au travail ou ailleurs, que l'assertivité revêt toute son utilité. Les techniques assertives se rattachent directement à la psychologie dont elles constituent une application pratique.

À l'instar de la PNL (programmation neuro-linguistique) ou de l'AT (analyse transactionnelle), l'assertivité (souvent pratiquée en complément de la PNL et de l'AT) est une méthode de développement personnel. Née aux États-Unis dans les années soixante, l'*assertiveness* a pour finalité de donner à l'individu les moyens d'exprimer clairement et efficacement ce qu'il est.

Clairement : trop souvent, faute d'une introspection et d'une maîtrise personnelle suffisantes, nous réagissons plus que nous n'agissons. Ainsi, dans une situation potentiellement conflictuelle (par exemple : différend avec un supérieur hiérarchique), nous ne savons pas recueillir les informations indispensables à une analyse objective du problème (c'est-à-dire distinguer fait et opinion, réflexion et émotion) et encore moins bâtir une argumentation rigoureuse afin de répondre point par point aux critiques en laissant de côté toute amertume et agressivité. Pour ne rien dire de notre capacité à gérer notre communication au mieux de nos intérêts !

L'affirmation de soi est avant tout une construction personnelle dans la mesure où elle mobilise toutes nos ressources psychologiques et mentales pour leur donner une orientation délibérée. En cela réside d'ailleurs le secret – si secret il y a – de la fameuse *attitude positive* aujourd'hui largement popularisée dans la littérature managériale. Pour l'essentiel, l'attitude positive prépare l'action assertive.

Efficacement : par définition, l'usage de l'assertivité développe l'aptitude à se fixer et atteindre des objectifs parfaitement identifiés. Par exemple, la personne timide pourra, grâce à l'entraînement, parvenir à sortir de sa coquille et s'exprimer avec la certitude d'être comprise et respectée. L'individu craignant, malgré ses compétences, de prendre des responsabilités saura faire valoir ses atouts auprès de ses employeurs et assumer ses nouvelles charges. Dans un travail d'équipe exigeant une collaboration maximale, l'individu assertif saura présenter ses opinions et arguments sans heurter ses collègues, ou, plus important, émettre des critiques et en recevoir, la base même de tout échange digne de ce nom.

L'assertivité répond à une exigence cruciale dans l'entreprise du prochain siècle : *établir une boucle d'interaction entre automanagement et management des hommes.* Les chapitres suivants, entièrement orientés vers l'action, constituent une véritable boîte à outils destinée à rendre cette boucle d'interaction effective. Et à servir au mieux vos intérêts assertifs.

1 S'affirmer, c'est quoi ?

Prenez conscience de votre importance

Vous avez le droit – et sans doute le devoir – d'exploiter au mieux de vos possibilités présentes, vos qualités, talents, aptitudes et traits d'originalité. Le droit de devenir une personne à part entière, capable d'exercer ses choix d'adulte. Un individu mature est une personnalité :

- *consciente* (capable de réfléchir sur le sens et la portée de son action) ;
- *autonome* (en mesure de mettre par elle-même en œuvre ses décisions) ;
- *responsable* (parvenue à un stade d'authentique maturité) ;
- *assertive* (en mesure d'exprimer et d'affirmer son identité personnelle dans la sphère relationnelle et sociale).

Bref, vous avez le droit d'être à la fois fidèle à vous-même tout en développant des relations harmonieuses, positives et stimulantes avec votre entourage. « Droit » est bien le terme approprié car l'assertivité consiste, pour une large part, à recenser d'abord puis exercer ensuite vos droits personnels tout en respectant ceux des autres, bien entendu.

À première vue, la déclaration semble relever de l'évidence tant la notion de citoyen jouissant de droits civils et démocratiques fait partie du bagage intellectuel, culturel et politique de l'homme occidental contemporain. Sauf qu'il aura fallu attendre plusieurs millénaires pour voir émerger un modèle de civilisation où l'homme et la femme peuvent simultanément prendre conscience de leurs droits, les revendiquer, les exprimer ouvertement et leur donner une application pratique. Un examen, même superficiel, de l'histoire des sociétés humaines montre que le siècle sur le point de s'achever, malgré ses tares, a placé l'homme (et plus encore la femme !) dans des conditions psychosociales inédites : l'individu atteint un degré de conscience de lui-même où il se reconnaît en tant que personne connaissante et agissante. Une évolution des mentalités considérable dont nous sommes trop rarement conscients. Sans donner dans le militantisme ou le juridisme primaires, encore qu'on puisse très bien privilégier ces vecteurs sociaux comme moyens d'expression et d'affirmation personnelles, l'assertivité donne à son pratiquant une conscience de plus en plus claire de ses droits fondamentaux et du respect dont ils doivent faire l'objet. Cette prise de conscience et cette revendication de la liberté personnelle constituent la base même de la philosophie assertive. Priorité est donnée au libre épanouissement de la personnalité dans le respect – insistons – du droit d'autrui à l'épanouissement.

À l'aube du XXIe siècle, chacun entend décider consciemment de ses choix et les exercer directement. Au sein des sociétés économiquement et culturellement développées, chacun veut devenir artisan de son destin. Psychologiquement parlant, l'assertivité, ou affirmation de soi, constitue la traduction concrète de cette aspiration fondamentale inhérente à l'être humain.

Les hommes et les femmes modernes ont, et auront de plus en plus à l'avenir, cette triple exigence :

- *prendre conscience de soi* (potentiel, qualités et limites à dépasser) ;
- *se forger une identité* (décider de son orientation dans l'existence) ;
- *se construire un système de valeurs et l'extérioriser* ensuite dans son entourage (la plupart des êtres humains aspirent à dépasser leur réalisation personnelle au profit de l'amélioration générale de la communauté dans laquelle ils vivent).

Vue de près, *l'assertivité agit donc comme un révélateur de la personnalité.* L'individu se projette dans le jeu des relations sociales, développe son action dans le monde concret, et en tire de multiples bénéfices en termes d'expérience et de connaissance.

Pour le dire autrement, *la pratique de l'assertivité permet de devenir une personne authentiquement adulte.* Tout au long de ce livre nous étudierons en quoi et comment.

Un nouveau choix de civilisation

L'explosion des techniques (principalement celles liées à l'information et à la communication), l'essor économique de continents entiers, la culture et l'éducation de masse ont rendu possible, à l'échelle mondiale, la naissance de l'individu-sujet et le recul, au moins relatif, de la personne-objet. La philosophie des droits de l'homme, socle des démocraties modernes, s'inscrit complètement dans cette perspective historique.

À leur manière, experts, sociologues, psychologues, philosophes, politiques et personnages publics tentent de traduire ce phénomène multidimensionnel quand ils glosent inlassablement sur quelques thèmes omniprésents dans la médiasphère ; c'est pourquoi la plupart vous sont probablement familiers. Malgré leur interdépendance, ils touchent des domaines spécifiques : économie, sociologie, politique, culture.

En économie les thèmes les plus courants sont :

- le refus du tout économique ;
- le rejet des effets pervers de la mondialisation sur les destins nationaux, régionaux, locaux et individuels ;
- l'attente d'un contrôle des dérives du monétarisme et du financialisme ;
- la remise en cause des droits acquis pour cause de concurrence entre pays.

Concernant la sociologie :

- la perte des anciennes valeurs et la recherche de nouveaux repères ;
- la rapidité et l'ampleur des changements touchant aux modes de vie et aux comportements du corps social ;

– la méfiance envers l'intelligentsia ;
– l'influence croissante du monde du travail sur la vie domestique, mais également l'incidence des initiatives individuelles sur le climat psychologique et social de l'entreprise ;
– la recherche d'un nouveau management à la fois global et spécifique.

Dans le domaine politique :

– le rejet par la base de l'autorité et des décisions venues d'en haut ;
– la contestation de plus en plus ouverte des élites dirigeantes ;
– le besoin d'une nouvelle éthique en politique ;
– l'interrogation sur le rôle et la place de l'état dans la société ;
– le déclin des partis de gouvernement au profit du tissu associatif ou de formations minoritaires.

À propos de la culture, enfin :

– le passage à une société du sens ;
– la fin du relativisme culturel et la recherche d'un nouvel universalisme tolérant, ouvert et non dogmatique ;
– la recherche d'un nouveau paradigme de civilisation centré sur l'épanouissement personnel.

Autant de formules pour tenter de cerner et conceptualiser une mutation de civilisation probablement irréversible et dont il est, dans l'état actuel de nos connaissances, impossible de prévoir le développement à long terme.

Au travers de ce vaste ensemble d'interrogations et d'aspirations parfois contradictoires ou naïves s'exprime néanmoins une attente claire et précise : *l'homme moderne veut être co-auteur et co-producteur de son orientation dans l'existence.* Concrètement, chacun souhaite être distingué et reconnu pour ses talents personnels, s'engager dans une action mais uniquement si elle est porteuse de sens, bref, parvenir à l'épanouissement de son potentiel personnel. L'homme contemporain se pénètre du sentiment de sa propre importance et cherche à mettre en œuvre les moyens d'une authentique réalisation personnelle.

Bien entendu, cette revendication ne s'exprime pas avec la même acuité dans toutes les parties du globe. Le poids des règles, traditions, conventions, contrôles et interdits conserve son pouvoir et, dans certains cas, tend à se renforcer. Mais il n'empêche : le prochain siècle verra un nombre croissant d'hommes et de femmes mieux éduqués, formés et informés exercer leur autonomie et construire de nouveaux espaces de liberté. Je n'annonce évidemment pas l'avenir radieux et le progrès automatique ; les défis du futur sont immenses. Beaucoup plus modestement ce petit livre d'auto-formation vous propose de saisir une opportunité : dans une civilisation de l'épanouissement personnel, les individus pleinement assertifs sauront, mieux que d'autres, faire valoir leurs atouts. Mais cette nouvelle civilisation n'est-elle pas, aujourd'hui encore, un mirage plus qu'une réalité en marche, un espoir plus qu'une certitude économico-sociale ? Bref, un contexte social favorable à l'assertivité a-t-il de grandes chances de se produire au cours des prochaines années ?

Convergence des études et de l'opinion publique

La question est, bien sûr, pertinente. Car, malgré son luxe d'outils, enquêtes, baromètres, échantillons et méthodologies, la prospective n'a rien d'une science exacte. L'histoire abonde en prophéties jamais réalisées (comme par exemple la généralisation des repas de pilules pour l'an 2000). Des instituts d'études et cabinets spécialisés aussi différents qu'Andersen Consulting, Arthur D. Little, la Cofremca ou le Crédoc sont, sur cette question, unanimes : la révolution de l'individu ou de la personne provoquera de profondes modifications dans la structure sociale des nations et, plus encore, au sein des entreprises.

Par exemple, l'ère de la bonne parole managériale diffusée d'« en haut » par des élites et répercutée « tout en bas » par une armée de petits chefs est désormais révolue. Aucun présupposé philosophique ou philanthropique dans cette attitude des grands managers, seulement du pragmatisme : l'accroissement exponentiel des savoirs et l'éclatement des centres de décision un peu partout à la surface de la planète rendent strictement impossible un contrôle global de type pyramidal. Symbole révélateur : on ne peut plus guère parler de *Savoir* mais de *savoirs.* Le temps des esprits universels comme Aristote ou Descartes est aujourd'hui une impossibilité technique. D'où une gestion particulièrement complexe de toute la société, à commencer par le monde de l'entreprise. Ainsi, au sein d'une même entité (entreprise, association...), les décideurs qui n'ont décidément pas la tâche facile doivent savoir à la fois :

- diviser les étapes d'un projet pour les rendre réalisables mais sans enfermer les individus dans la sur-spécialisation ;
- déléguer, motiver, faire participer mais sans provoquer une inutile émulation entre les équipes ;
- assurer un large degré d'autonomie à tous les collaborateurs mais en conservant des instances de contrôle, voire dans certains cas, de sanction ;
- mettre en place des observatoires permanents ou veilles pour recueillir et trier une masse énorme d'informations mais destinée à servir l'action stratégique et non à l'inhiber ;
- intégrer la vitesse des changements (plus que leur nature) comme principal agent déstabilisateur des organisations.

Sans oublier les nouvelles attentes managériales d'individus toujours mieux éduqués, informés, responsables, et donc exigeants. En effet, crise ou pas, risque de précarité ou pas, l'homme et la femme d'entreprise veulent comprendre ce qu'ils font plusieurs heures par jour au bureau, pourquoi ils le font et comment ils peuvent en retirer des satisfactions dépassant le cadre du seul salaire nominal. Affirmation de soi dans la sphère privée et la sphère professionnelle deviennent indissociables et complémentaires. D'où l'intérêt pour vous d'apprendre à développer au mieux votre assertivité.

Aux États-Unis, depuis plusieurs décennies (*cf.* l'excellent ouvrage de Peter Senge, *La Cinquième discipline*, First, 1991), en Europe depuis peu, les managers ont pris conscience de ce phénomène social complexe aux implications psychologiques, sociales ou économiques encore mal cernées. Sur tous ces points, on lira avec profit les études de sociologues comme Gérard Mermet (l'enquête biennale de *Tendances*), Robert Rochefort (son analyse sur l'émergence progressive du *consommateur-entrepreneur*) ou Jean-Claude Ducatte, créateur de *l'Indicateur du Management Epsy*, ou bien encore la très populaire *Faith Popcorn*, pour n'en citer que quelques-uns. Tous confirment deux phénomènes intimement liés : l'aspiration au développement personnel tant dans la sphère privée que professionnelle. Et le mode opératoire de cette aspiration n'est autre que l'assertivité !

Le développement personnel entre dans les mœurs

L'époque actuelle est donc favorable à l'épanouissement de l'expression personnelle des individus en général… et de la vôtre en particulier. Le contexte social et psychologique est bénéfique pour les candidats au développement personnel, dont l'affirmation de soi, avec l'estime personnelle, est un pilier. Ce qui pouvait, il y a encore quelques décennies, paraître mal venu ou même choquant, relève maintenant d'une pratique courante. Par exemple, dans les entreprises les cadres qui n'osaient pas réclamer un stage d'assertivité ou de gestion du stress par peur d'apparaître aux yeux de leurs supérieurs comme « en rupture » ou « au bout du rouleau » en font maintenant un argument en faveur de leur capacité à évoluer. De leur côté, les chefs d'entreprise, pourtant fortement imprégnés par une culture de management de type pyramidal/hiérarchique, comprennent aujourd'hui la nécessité, pour la survie même de leurs entreprises, d'encourager l'expression des diversités, systèmes de représentation, visions des relations humaines.

Dès les années quarante, Abraham H. Maslow avait imaginé la célèbre pyramide qui porte aujourd'hui son nom, c'est-à-dire une représentation graphique des différentes étapes de développement des sociétés humaines. Critiquée et critiquable, mais reprise dans d'innombrables ouvrages, la matrice imaginée par Maslow a le mérite de formaliser et de hiérarchiser des concepts essentiels. Selon les recherches réalisées par Maslow, la pyramide des besoins fondamentaux de l'être humain comporte cinq grandes phases aux implications économiques, sociales et psychologiques multiples.

- **Le stade du besoin physiologique** (1) correspond à tout ce que les hommes font dans le but d'assurer leur survie matérielle, essentiellement la recherche de l'alimentation.
- **Le besoin de sécurité** (2), plus élaboré, est l'ensemble de toutes les stratégies développées par l'homme pour se garantir des aléas de l'existence. La sécurité concerne aussi bien la quête d'un foyer que la souscription à une mutuelle ou à une police d'assurance.

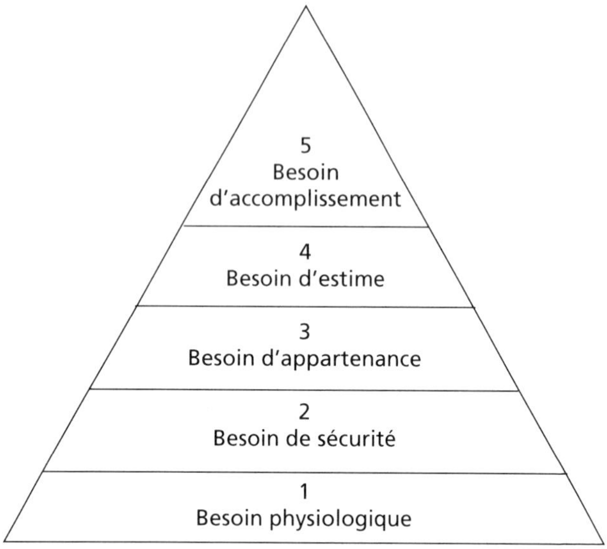

La pyramide de Maslow

- **Le besoin d'appartenance** (3) correspond précisément à ce que les sociologues appellent l'autonomie reliée, c'est-à-dire le désir d'assumer un destin individuel tout en se sentant rattaché à un groupe auquel on peut s'identifier. L'exemple le plus caricatural est probablement celui de l'adhésion à une secte. Des manifestations plus subtiles de ce besoin, sauf par leur ampleur, sont les événements sportifs ou culturels qui rassemblent, le temps d'un spectacle, des centaines de milliers de spectateurs et téléspectateurs. L'individualiste le plus affirmé éprouve, de temps en temps, le besoin de faire partie d'un groupe, même diffus.
- **Le besoin d'estime** (4) touche largement à la sphère psychologique. Être reconnu, valorisé et apprécié par les autres est une condition nécessaire pour parvenir à s'estimer soi-même. Tout individu tend à rechercher l'approbation de son entourage (parents, proches, amis, professeurs, supérieurs hiérarchiques ou collègues). Cette disposition psychologique parfaitement normale et naturelle doit cependant être maîtrisée. Tout spécialement chez ceux qui désirent pratiquer l'assertivité. Car dans certains cas, s'affirmer implique de renoncer, au moins temporairement, à l'approbation d'autrui. D'ailleurs, l'un des buts de

l'assertivité est d'apprendre à gérer les situations relationnelles potentiellement conflictuelles.

- **Le besoin d'accomplissement** (5) enfin vise directement le développement personnel, tellement en vogue actuellement. Une fois satisfaits les besoins matériels et affectifs fondamentaux, l'individu peut se consacrer à son auto-réalisation. Les moyens d'y parvenir sont innombrables puisqu'ils vont de la pratique sportive à la culture, du monde des affaires à l'engagement social ou humanitaire. Les individus en recherche de développement personnel se situent généralement au niveau 5 de la pyramide de Maslow.

Deux remarques, cependant, s'imposent, afin d'éviter tout contresens ou interprétation trompeuse.

1. Les différentes sphères de besoins ne sont pas des étapes mécaniques et prédéterminées de développement des sociétés. Ainsi, l'homme, qui par son travail se libère du besoin matériel, ne passe pas automatiquement d'un stade à un autre. Maslow indique un schéma possible de développement mais d'autres logiques peuvent exister.
2. Dans le même ordre d'idées, un individu ne s'affranchit pas définitivement de tel ou tel besoin. Une perte d'emploi oblige à remettre au premier plan des préoccupations les besoins physiologiques et la sécurité.

L'évolution actuelle de la société rend possible la prise de conscience, sur une vaste échelle, du besoin d'accomplissement envisagé il y a plusieurs décennies par Maslow.

Après la nécessaire phase d'observation et de réflexion (à cet égard nous vous conseillons vivement de suivre régulièrement les productions des experts et instituts cités plus haut en organisant ainsi votre veille personnelle) vient le temps de l'action. La question à se poser est donc celle-ci : comment procéder pour profiter au mieux de ce nouveau contexte culturel et social favorable à l'épanouissement personnel et à l'assertivité ?

Vous et votre potentiel

Dans la mesure où la pratique doit primer sur la théorie, l'interrogation que nous ne perdrons plus de vue tout au long de ce livre est la suivante : une fois convaincu de sa propre importance, comment doit-on lui donner corps, la construire, la développer, lui donner une direction, bref, et au meilleur sens de ce terme, s'en servir ? En un mot : comment apprendre à maîtriser les principes et les techniques de l'affirmation de soi et atteindre ses objectifs tant personnels que professionnels ?

À ce point de la discussion, quelques réflexions s'imposent. Par exemple, le fait que vous ayez acheté ce livre prouve au moins deux choses essentielles quant à vos réalisations futures :

- dans une certaine mesure au moins, vous êtes convaincu(e) de votre importance (une personne persuadée de son insignifiance ne cherchera certainement pas à pratiquer l'affirmation de soi) ;
- vous croyez à la possibilité de développer, au moins en partie, votre potentiel personnel et d'en retirer de profondes satisfactions.

Une objection à lever

Ceci posé, rendons immédiatement justice de l'éternelle objection des détracteurs de l'assertivité. Selon eux, s'affirmer, être assertif, équivaut à se mettre en évidence, occuper son espace légitime, remettre en cause celui d'autrui, émettre un point de vue tranché, tenter de manipuler l'opinion ambiante. La réalité est toute différente. Pour pouvoir s'affirmer (au sens où l'entend l'assertivité bien sûr), il faut d'abord avoir une claire perception de sa propre importance, c'est-à-dire avoir atteint par soi-même un niveau de qualité personnelle identifiable par quatre attributs essentiels :

- *la capacité de structurer* une expérience et un savoir dans un discours ;
- *la capacité d'organiser* la nécessaire interaction entre réflexion et action ;
- *la capacité de communiquer* efficacement afin de « faire passer le message » auprès d'un entourage souvent réticent au changement ;
- *la capacité de développer* l'autonomie et la prise de responsabilités individuelles et collectives.

Comment l'égoïste/égocentrique pourrait-il simplement songer à développer une telle approche des relation humaines dont la mise en œuvre n'est possible qu'au prix d'un effort soutenu de maîtrise personnelle ?

Poser la question équivaut à y répondre. D'où ce conseil : ne vous laissez ni intimider ni déstabiliser par tous ceux (ils sont encore nombreux !) qui rejettent l'affirmation de soi. Libre à eux de le faire. Mais libre à vous de poursuivre votre route vers le succès dans la sphère professionnelle. C'est là une question de responsabilité personnelle.

Votre droit à l'expression

Le déclin progressif, mais continu, des structures hiérarchiques au profit des schémas transversaux favorisant l'émergence d'une culture du réseau implique une autonomie accrue de chaque individu considéré comme citoyen en alerte, consommateur informé et entrepreneur actif de sa destinée. Pour faire court : la petite entreprise est plus réactive que la grosse, l'association développe un pouvoir d'action bien supérieur à la puissance publique, le groupe d'intérêt est plus efficace que le parti politique. Nulle prise de position politique ici. Ces phénomènes socioculturels traduisent l'influence croissante du pouvoir de l'individu dans la vie économique et sociale. Cette évolution de toute la société donne à chacun la possibilité de faire entendre sa voix, d'affirmer sa différence et ses choix. Profitez à plein de cette opportunité dont notre siècle finissant ne marque que le tout début.

Questions à se poser avant de démarrer

Malgré ses maladresses, ses erreurs, et parfois ses hypocrisies, la tendance à l'affirmation individuelle gagne donc tous les étages de la société, des associations de quartier jusqu'aux multinationales regroupant des milliers de salariés. Alors ne perdez pas de temps en spéculations inutiles sur des mouvements de balanciers et des retournements de situation toujours possibles, parfois souhaitables, et profitez sans tarder de l'ouverture actuelle au mieux de vos intérêts. Un point sur lequel je me permets d'insister.

Seulement voilà, avant de revendiquer un nouvel espace de liberté, encore faut-il en comprendre la nature, la portée, bref, l'intérêt. Dans cette optique, passons en revue les questions à se poser avant de passer à l'action :

– « *Suis-je vraiment convaincu(e) de mon droit à l'expression ?* »
– « *Ai-je le droit d'obtenir ce que je souhaite ?* »
– « *Est-il légitime pour moi d'exprimer le meilleur de mon potentiel ?* »
– « *Ai-je le droit de réussir ma vie professionnelle ?* »

Nous verrons dès le deuxième chapitre, consacré à l'estime personnelle, que l'éducation inhibe bien souvent les volontés d'affirmation de soi. Bien qu'ils s'en défendent, beaucoup d'individus ne s'autorisent tout simplement pas à prendre la place qui leur revient légitimement. Un sentiment de culpabilité profondément enfoui peut entraver vos plans de carrière. La croyance la plus fréquente conduisant à la stagnation sur le plan extérieur se résume dans cette courte formule : « Je n'ai pas le droit de réussir. » Bien souvent, consciemment ou non, l'enfant perçoit un message limitatif provenant des parents ou des adultes (« Tu ne feras jamais rien dans la vie », « Quel empoté tu es ! »). Ces réflexions agissent comme une suggestion négative qui inhibe le potentiel de réalisation du futur adulte. À la longue, celui-ci développe différentes formes de complexes d'infériorité ou une timidité excessive.

Ainsi, si vous pensez être de ceux qui s'effacent systématiquement au profit des autres, n'osent pas afficher une opinion ou un point de vue, par peur du ridicule ou du conflit, sachez que vous devrez procéder par étapes avant de maîtriser facilement l'assertivité. Pour vous préparer dans de bonnes conditions, avant de vous livrer aux exercices présentés dans ce livre, méditez longuement sur le sentiment de votre propre valeur, de votre importance. Malgré sa simplicité, ne sous-estimez pas l'efficacité de ce procédé :

1. mettez votre mémoire à contribution et recensez trois moments clés de votre existence où vous avez connu le succès (réussite à un examen, distinction, promotion sociale, performance sportive…) ;
2. notez-les soigneusement dans un carnet que vous garderez toujours à portée de main ;
3. quand pour une raison quelconque vous perdez le sentiment de votre importance (dispute avec un collègue, réflexion blessante d'un tiers, conflit personnel…), consultez votre carnet et

revenez à la méditation de vos réussites personnelles ; pénétrez-vous de l'idée que vos hauts faits vous appartiennent pour toujours et que personne ne peut vous en enlever le crédit ;
4. renouvelez l'opération aussi souvent que nécessaire et enrichissez votre carnet de vos nouveaux succès. Plus la liste sera longue et plus facilement vous pourrez vous imprégner de votre valeur intrinsèque.

Deuxième interrogation : « Pourquoi ai-je envie de m'exprimer ?»

Le besoin d'exprimer nos idées, sentiments, sensations, et conceptions les plus diverses nous est tellement naturel que nous ne prenons pour ainsi dire jamais la peine de l'examiner en détail. Et pourtant, autant nous sommes pressés de pouvoir extérioriser notre univers intérieur, autant nous sommes moins enclins à accueillir celui des autres ! Nul jugement moral ici. L'expression personnelle répond à un besoin psychologique fondamental (celui d'être reconnu puis valorisé par nos semblables). Pas question donc de la réprimer, au contraire. Simplement il convient de lui donner une direction positive et un contenu enrichissant (pour soi-même et pour les autres).

D'où, logiquement, cette troisième interrogation : *« Suis-je disposé(e) à travailler mon affirmation personnelle ou assertivité en mode volontaire et non plus seulement en mode spontané ? »*

Sans entrer dans le détail des procédés de la culture psychique, le mode spontané est l'activité mentale non contrôlée par la volonté, le mode volontaire le contrôle conscient de la pensée.

Par exemple, lorsque vous vous concentrez sur la résolution d'un épineux problème, votre pensée fonctionne en mode volontaire. En revanche, quand vous flânez et que vous vous laissez happer par le spectacle de la ville, vous êtes en mode spontané.

Toutes les techniques de développement personnel, dont l'affirmation de soi, utilisent à la fois mode spontané et mode volontaire. Le premier correspond en fait au cerveau droit et le second au cerveau gauche. L'optimisation du potentiel exige une harmonisation de la sollicitation des deux hémisphères cérébraux. Sous nos latitudes, l'éducation tend à hypertrophier le cerveau gauche et asphyxier le cerveau droit. L'équilibre doit être rétabli au prix d'un entraînement spécifique dont vous allez apprendre à maîtriser les principes.

Testez votre motivation

Auto-évaluation

Avant de conclure cette première partie par une synthèse sur les principes d'assertivité à retenir, procédez à cette courte auto-évaluation. Grâce à elle, vous allez pouvoir vous faire une idée de la force de votre motivation assertive. Bien entendu, plus votre degré de motivation est élevé et plus votre pouvoir assertif est important, au moins potentiellement. Pour chaque question, répondez par l'affirmative (Plutôt oui) ou la négative (Plutôt non). Prenez le temps de réfléchir avant de répondre à chacune des huit interrogations suivantes.

	Plutôt oui	Plutôt non
1. Suis-je prêt(e) à revendiquer, au domicile ou au bureau, mes droits à l'expression personnelle ?	☑	❑
2. Suis-je en mesure d'exprimer, sous forme d'objectifs précis, mes trois buts assertifs principaux ?	☑	❑
3. Suis-je capable d'exposer en quelques lignes ou arguments ce que j'attends réellement de l'assertivité sur le plan de l'efficacité personnelle, principalement dans l'entreprise ?	☑	❑
4. Suis-je prêt(e) à demander au service formation de mon entreprise de m'inscrire à un stage d'assertivité sans craindre un refus ou me sentir un peu ridicule ?	☑	❑
5. D'ailleurs, ai-je prévu, dans cette éventualité, une liste restreinte mais précise d'arguments, susceptibles d'emporter la décision de la DRH ?	☑	❑
6. Suis-je prêt(e) à bousculer un peu mes sacro-saintes habitudes pour lire et étudier, au cours des cinq prochains mois, au moins 3 livres consacrés à l'assertivité ?	☑	❑

☞

☞

7. Suis-je d'accord que l'on doit pratiquer au moins 6 mois de façon quotidienne pour maîtriser les techniques clés de l'assertivité ? ☑ ☐

8. Est-ce que je saurai (ou voudrai) prendre le temps de consigner par écrit mes progrès ou mes difficultés après avoir démarré mon programme assertif ? ☑ ☐

Commentaire d'appréciation des résultats : Il va sans dire que si vous avez coché « Plutôt oui » sans faillir aux huit questions de l'auto-évaluation, votre pouvoir assertif est déjà une réalité. Vous avez en vous l'envie et l'énergie nécessaires pour passer immédiatement à l'action, il ne vous manque que l'apprentissage technique et sans doute un peu de patience. Concentrez-vous sur l'action à long terme car vous avez toutes les ressources pour réussir.

Entre 4 et 6 réponses affirmatives : renforcez d'abord votre confiance en vous-même avant d'entrer directement dans le détail des techniques assertives. Les chapitres 2 et 5 vous concernent tout spécialement : étudiez-les en priorité avant de passer à la suite de votre programme assertif.

Moins de 4 réponses affirmatives : concentrez tous vos efforts sur le chapitre 2 de ce livre si vous désirez vraiment aller plus loin dans les pratiques assertives. En effet, vous devez, au préalable, construire une image positive et valorisante de vous-même. Vos progrès dans l'assertivité proprement dite s'en trouveront, ultérieurement, accélérés d'autant. Travailler sérieusement l'estime personnelle ne risque en aucun cas de vous « retarder » dans votre programme assertif. Bien au contraire.

Tout au long des chapitres suivants, vous allez découvrir les exercices et techniques simples pour, vous aussi, pratiquer efficacement l'assertivité afin de l'inscrire dans un plan plus global de développement personnel.

QU'EST-CE QUE SAVOIR S'AFFIRMER ?

Savoir s'affirmer, nous l'avons indiqué, implique deux prises de conscience essentielles :
– la conscience de sa propre importance ;
– la conscience de son droit à l'expression personnelle.

Se donner comme objectif l'affirmation de soi ou assertivité exige d'avoir le sentiment de sa propre valeur, bref, de croire à l'utilité de ce que l'on est et fait. Sans perception précise de cette valeur individuelle intrinsèque, l'assertivité tourne en quelque sorte à vide.
Une fois opéré cet acte psychologique indispensable, la mise en place d'une stratégie assertive efficace devient possible. En voici, de façon synthétique, les aspects fondamentaux que nous soumettons à votre réflexion :

1. Savoir *apprécier* objectivement ses propres qualités et défauts.
2. Savoir *apprécier* objectivement les qualités et défauts des autres.
3. Savoir *demander, exiger,* et si nécessaire, *imposer* son point de vue mais sans jamais perdre définitivement le contact avec les interlocuteurs concernés.
4. *Reconnaître* les conflits interpersonnels et les *transformer* en expérience positive.
5. Savoir *émettre* et *recevoir* des critiques constructives.
6. Apprendre à se *définir* des droits et des buts assertifs tout en reconnaissant ceux des autres.
7. *Construire* une image positive de soi et apprendre à la *véhiculer* auprès de l'entourage.
8. *Maintenir* des relations ouvertes et équilibrées même dans les périodes conflictuelles.
9. *Surmonter* les manifestations de stress, anxiété ou timidité inhérentes aux relations humaines et *conduire* une stratégie de communication positive.
10. *Parvenir* à une gestion réaliste des objectifs personnels, professionnels et relationnels.

2 D'abord, construire une image positive de soi

Freins éducatifs et culturels

Tous les théoriciens et praticiens spécialisés dans le développement personnel insistent sur l'importance de l'estime de soi au point d'en faire la *pierre angulaire du progrès intérieur.* Selon eux, la réussite d'une stratégie de développement personnel dépend largement de l'acquisition d'une bonne estime de soi ou *self esteem.* Pourquoi ?

Le fait de croire en sa propre valeur, nous l'avons vu, conditionne largement le succès dans l'*assertiveness* et le développement personnel en général. En fait, l'estime personnelle est le respect qu'un individu se porte à lui-même en tant que sujet autonome, responsable et, bien sûr, capable d'évolution. Le fait d'avoir confiance en sa propre évolution permet de :

– bâtir une image positive de soi ;
– soutenir cette dynamique indispensable dans la durée.

Ainsi, l'adepte de l'assertivité se projette constamment dans une *vision constructive et valorisante de lui-même.* Cette croyance positive personnelle facilite considérablement l'action concrète développée au quotidien. Plus que d'une technique ou d'un exercice, il s'agit-là d'une attitude générale à adopter envers soi-même, les autres et… l'existence.

L'interaction estime personnelle/assertivité

Les trois axes (bien sûr en interaction) de l'estime personnelle sont :

– l'autonomie ;
– la responsabilité ;
– la capacité d'évolution.

Examinons chacun de ces axes.

- **Autonomie** : si j'entreprends un travail en vue de devenir une personne assertive c'est, dans une large mesure, pour m'affranchir :

– des cercles de dépendance qui entravent mes choix et mon action (affectifs ou intellectuels) ;
– de l'inféodation exagérée à des tiers (par exemple respect excessif de la hiérarchie et des figures d'autorité comme le « chef » ou le «patron») ;
– de la difficulté à juger, décider, choisir puis agir en conformité avec des objectifs clairement reconnus comme profondément désirables et valorisants.

Loin de perdre le contact avec son entourage ou manquer aux règles élémentaires de la bienséance, l'individu assertif apprend au contraire à entretenir des rapports harmonieux – dans toute la mesure du possible – et enrichissants avec son environnement. Bref, l'homme ou la femme assertifs sont tout sauf des êtres monolithiques, par conséquent totalement imperméables aux avis extérieurs et, donc, uniquement centrés sur leurs intérêts !

- **Responsabilité** : en mode assertif, loin de se limiter aux impératifs et jugements moraux, la notion de responsabilité consiste à prendre une décision essentielle, celle d'assumer pleinement les conséquences de ses actes. Cette prise de décision cruciale constitue l'acte fondateur par lequel tout le processus de l'assertivité peut s'enclencher. Pour agir efficacement, il faut d'abord croire à son propre pouvoir d'action et à ses conséquences sur le monde extérieur.
- **Capacité d'évolution** : à l'échelle historique, le fait de croire à sa propre possibilité d'évolution est très récent. Au siècle der-

nier encore, chacun naissait et mourait comme il était sans même vraiment songer à se transformer, au physique comme au moral. Avec notre siècle tout change. L'homme accepte de moins en moins de subir les contraintes de la nature une vie durant. L'exemple le plus spectaculaire à cet égard est certainement celui de la chirurgie esthétique. Des milliers de destins ont été littéralement transfigurés par l'intervention d'un spécialiste. À un moindre degré, le développement phénoménal de la diététique et des pratiques sportives participe pleinement du souhait de ne plus « subir » son physique mais d'en développer l'harmonie et l'esthétique. Le processus observable pour ce qui a trait à l'apparence physique se retrouve plus encore au niveau psychologique. Comment expliquer autrement l'essor des thérapies, stages et formations en développement personnel (y compris dans le milieu de l'entreprise) ? Toutes ces initiatives participent d'un souhait identique : ne plus subir mais agir, passer de la contrainte vécue au quotidien à l'autodétermination. Répétons-le : la prise de conscience, au niveau individuel, d'une telle exigence, indique un haut degré de maturité psychologique. Considérée au niveau social, cette même exigence provoque une mutation civilisationnelle. Nous sommes précisément en train de vivre collectivement ce basculement de société.

Ces approches reposent donc sur un postulat unique : la confiance dans l'évolution personnelle c'est-à-dire la croyance en un devenir positif. Sans paraphraser la célèbre formule d'Émile Coué, *l'individu assertif s'engage dans une voie de succès croissant.* Un peu comme un sportif dont les performances s'améliorent avec l'entraînement et l'expérience.

Retenez que la pratique de l'assertivité va renforcer considérablement votre autonomie et, du même coup, votre estime personnelle en un effet boule de neige. Un sentiment de maîtrise, au moins partielle, sur la conduite des événements développe obligatoirement l'estime de soi. En fait, l'individu qui travaille les techniques d'assertivité renforce son estime personnelle. Et inversement. La relation d'interaction en boucle entre estime personnelle et assertivité est complète. Ce point est très important car de sa compréhension dépend une grande partie du succès de votre stratégie assertive.

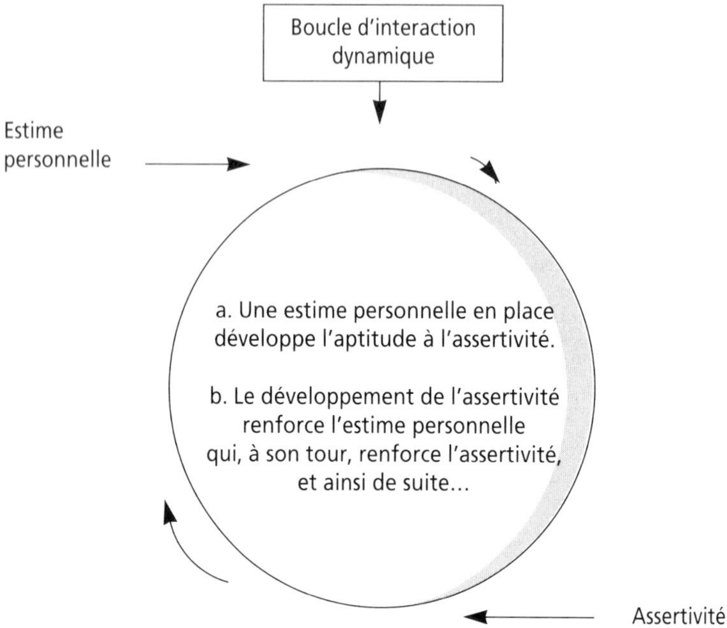

L'assertivité, un effet boule de neige

Le schéma à assimiler

D'une façon générale, le schéma psychologique – à assimiler avant de passer à l'action – comporte trois phases distinctes :

- phase 1 : vous prenez la décision (presque solennelle !) de *croire en votre valeur* (estime personnelle) ;
- phase 2 : vous passez à l'action pour *démontrer votre valeur* par l'accroissement de vos compétences et de vos qualités personnelles (autonomie) ;
- phase 3 : vous comprenez que vous êtes l'auteur d'une action dont vous devrez assumer toutes les conséquences pratiques. Vous décidez donc d'*agir de façon positive et constructive* dans toute la mesure de vos moyens (responsabilité).

Or, sans porter de jugement de valeur, le conditionnement éducatif et culturel de nos sociétés favorise peu la mise en pratique du schéma en trois phases. Reprenons-le pour le confronter à la réalité courante :

- Phase 1 : Malgré des évolutions notables en matière de pédagogie, l'éducation des enfants s'opère encore sur un mode plus quantitatif que qualitatif. Les aptitudes personnelles originales sont souvent minorées au profit du développement de l'adaptabilité à des standards culturels, sociaux, voire économiques. Rapidement, l'enfant risque de perdre de vue sa propre identité, et donc sa valeur intrinsèque, en voulant jouer le rôle qu'on attend de lui. L'imitation d'un modèle général tend à gommer, dès le jeune âge, l'affirmation des volontés individuelles. Il ne s'agit évidemment pas de faire du rebelle systématique un exemple, mais de prendre la mesure d'un phénomène d'uniformisation des comportements peu compatible avec la perception de sa propre importance. C'est d'ailleurs à cette uniformisation, fantasmée ou réelle, que les adolescents – très tôt – réagissent par la rébellion et malheureusement, de plus en plus souvent, par la violence. Cette tendance n'a rien de nouveau mais se radicalise avec l'évolution vers une société où les rapports interindividuels sont ouvertement remis en cause (structure familiale, rejet des élites, effritement de la culture dite classique, incidence accrue des technologies sur les relations sociales...).
- Phase 2 : Trop peu d'entreprises offrent à leurs collaborateurs les moyens réels de s'exprimer concrètement au travers de projets individuels et collectifs. Le passage de la structure hiérarchique à la nécessaire culture de réseau, dans de nombreux cas, se fait quasiment par oukase des intéressés. En clair, lassés d'attendre des directives concrètes, les individus se décident à agir par eux-mêmes au risque d'entrer en conflit avec leurs dirigeants. À l'instar du monde politique, la transformation des relations humaines à l'intérieur des entreprises se fera – et se fait déjà ! – depuis la « base » et non depuis le « sommet » dans les groupes multinationaux comme dans les PMI/PME. D'où ce conseil : aujourd'hui le management se cherche, profitez-en pour affirmer vos talents et proposer vos solutions. Les opportunités sont nombreuses, le jeu très ouvert, à commencer pour les profils ayant échappé aux parcours classiques, mais capables de développer une approche créative.
- Phase 3 : C'est probablement là que l'incidence des freins éducatifs et culturels est la plus évidente. Exemple particulièrement

révélateur : aucune sommité des arts, des lettres ou des affaires recevant une distinction officielle n'attribuera (en public) son succès à ses talents personnels mais évoquera invariablement :

- l'aide de tiers (« Sans l'aide de telle personne ou telle équipe rien n'aurait été accompli... ») ;
- des concours de circonstances heureux (« Vous savez, je n'étais pas spécialement destiné à embrasser cette profession mais on m'a donné ma chance... ») ;
- la chance ou même le hasard (« Cette récompense est formidable mais dans cette compétition j'ai eu une chance incroyable... »).

Bien sûr, le scientifique qui met au point un nouveau vaccin ne peut y parvenir sans l'aide d'une équipe ou le recours aux travaux d'autres scientifiques. Mais il n'empêche : dès le jeune âge, nous sommes déterminés à minorer, relativiser, voire dissimuler nos aptitudes et mérites. Bref, tout l'inverse d'une assertivité bien comprise. Que de fois entend-on des parents dire à leur progéniture : « Cesse de faire l'intéressant ! » Traduction : ne parle pas trop, ne mobilise pas l'attention générale, reste un peu en retrait, bref, fais l'adulte ! Développée outre mesure, cette attitude équivaut à limiter le pouvoir créatif du futur adulte. Plus précisément, à conduire l'enfant à s'appuyer de moins en moins sur son action personnelle au profit d'une prise en charge par la structure du groupe d'appartenance (copains, amis, professeurs, proches...).

Notamment par l'intérêt croissant pour le développement de la personnalité, l'initiative individuelle est davantage valorisée et reconnue socialement. Un certain climat psychologique évolue, et c'est tant mieux !

Ce qu'est l'estime personnelle

Nous élaborons tous une représentation du monde en fonction de laquelle nous pensons, agissons et réagissons. Tout au long de notre vie, nous construisons une représentation de notre être plus ou moins positive et dynamique. En fait, cette image personnelle est le produit de nos perceptions affectives, émotionnelles, psychologiques, sensorielles, etc. Justes ou fausses, constructives ou destructrices, toutes ces représentations contribuent à créer une image : l'idée que nous nous faisons de nous. Or retenez que la *self esteem* est avant tout une question d'image de soi. Psychologiquement parlant, le pouvoir des images est parfaitement réel dans la mesure où la « fonction imaginante » détermine largement le comportement d'un individu.

L'estime personnelle d'un individu se bâtit à partir :

– de l'image de soi (le regard de soi sur soi) ;
– de l'image de soi-même renvoyée par l'entourage (le regard des autres sur soi).

Dans la plupart des cas, l'image que nous avons de nous-mêmes est la résultante de perceptions plus subjectives qu'objectives. Ainsi, nous avons presque tous tendance à exagérer nos défauts et sous-évaluer nos qualités. Carl G. Jung avait remarqué que beaucoup de patients, indulgents pour les autres, se montraient volontiers intransigeants à leur propre égard.

L'idée essentielle, en matière d'estime personnelle, est de parvenir à un équilibre, au moins relatif, entre constat objectif et appréciation subjective. Bref, d'établir des critères de référence concrets. Pour vous aider dans cette démarche, étudiez attentivement les éléments présentés dans ce chapitre. Un conseil : examinez chacun d'eux régulièrement. Certaines notions vous paraissant au départ théoriques ou étranges vous sembleront évidentes et familières par la suite.

Par exemple, à leurs débuts, peu d'individus sont habitués à utiliser leur intuition comme instrument cognitif. Après quelques mois de développement personnel, le recours à l'intuition est d'autant plus systématique qu'il s'opère inconsciemment.

Dans le cas de l'assertivité, l'intuition revêt une importance particulière. Sans pouvoir l'expliquer à l'aide d'arguments rationnels, l'individu assertif sent (faute d'un meilleur terme) à quel moment il convient de s'affirmer ou au contraire de rester sur la réserve, dans l'attente d'une occasion propice.

D'ailleurs, presque tout le monde perçoit, au moins occasionnellement, les différences de « climat » psychique au cours d'une réunion (fatigue, tensions interindividuelles, craintes, coalitions, accords tacites...), mais quasiment personne ne sait les moduler et les diriger dans un but assertif. Une fois acquis les principes de l'estime de soi et les techniques assertives, la gestion des différents états de conscience au cours d'une réunion de travail sera pour vous un jeu d'enfant, voire une de vos distractions favorites sur le lieu de travail... ou ailleurs.

Les quatre critères clés d'une bonne estime de soi

Une bonne estime de soi ne dépend pas seulement des objectifs que vous avez déjà atteint dans votre vie. Malgré vos succès ou vos diplômes universitaires, peut-être faites-vous partie de la foule des personnes angoissées, stressées, doutant facilement d'elles-mêmes.

La confiance en soi, socle de l'estime personnelle, dépend largement de la perception intérieure (sensations, sentiments, impressions, intuitions...). Or apprendre à faire confiance à ses « sens intérieurs » ne figure pas au programme de l'université ! Ce manque d'assise psychologique conduit bien souvent à juger le monde extérieur hostile, peuplé d'individus dont il faut se méfier sous peine de souffrir. Plus la carapace de protection se développe et plus notre confiance personnelle diminue. L'individu ne peut plus, alors, rayonner sur le monde extérieur et affirmer ses qualités humaines. Son pouvoir d'action est entravé et son aptitude à l'estime personnelle est à peu près totalement inhibée.

Méditez sur ce processus avant de passer en revue les critères permettant de définir avec précision l'estime personnelle.

Voici maintenant les quatre critères clés d'une bonne estime de soi.

- **La confiance en soi** : croire en soi est le point de départ essentiel de toute stratégie efficace de développement personnel. Si tel n'est pas votre cas, étudiez à fond ce livre. Ses nombreux conseils pratiques et exercices vous aideront à prendre progressivement confiance dans votre potentiel.
- **L'ouverture aux autres** : bâtir une bonne estime de soi et développer une forte assertivité n'aurait guère de sens pour un individu décidé à passer son existence seul en haut d'un piton rocheux. L'un des buts de la *self esteem* est de créer des relations positives avec l'entourage personnel et professionnel.

- **Le pouvoir d'action** : la réflexion est absolument indispensable pour réussir, mais en aucun cas elle ne doit se substituer à l'action. La réalité concrète est le terrain d'expérience des techniques de développement personnel et bien sûr, d'assertivité.
- **La gestion positive du changement** : la vie sociale impose des mutations à la fois profondes et rapides. Une image positive de soi renforce l'adaptabilité et la créativité. Deux qualités que les top managers se plaignent de trouver trop rarement chez leurs collaborateurs. Pensez-y.

Ce qu'elle n'est pas

Après ce premier tableau sur ce qu'est l'estime de soi, passez quelques instants à réfléchir sur le schéma inverse : les indicateurs qui trahissent une estime de soi insuffisamment développée.

Les indicateurs d'une mauvaise estime de soi

Voici les indicateurs clés d'une mauvaise estime de soi.

- **Le défaut chronique de confiance en soi** : la personne ne se sent pas le droit de réussir, manque de respect et de considération envers son propre pouvoir créateur. Elle survalorise les réalisations des autres et sous-estime ses succès en les attribuant, notamment, à des causes fortuites.
- **Le pouvoir d'action limité** : le manque de foi en soi inhibe singulièrement le nécessaire passage à l'action. L'individu en défaut d'estime personnelle masque souvent son inertie sous de multiples projets, calculs et plans ne débouchant sur aucune concrétisation. De ce constat d'incapacité à agir, la personne tire généralement argument pour justifier son inaction future. Le piège est total et la personne ne tarde pas à se poser en éternelle victime (des autres, des circonstances, d'elle-même).
- **Le repli et la méfiance excessive** : ne pas s'estimer à sa juste valeur, ne pas savoir reconnaître ses atouts et talents, provoque un repli sur soi incompatible avec les échanges extérieurs. L'individu tourne en circuit fermé au lieu de s'enrichir des connaissances et des expériences des autres.

- **La crainte du changement** : c'est le critère le plus visible dans le comportement de l'individu à l'estime personnelle insuffisante. Il se juge inapte à tirer parti des aspects positifs inhérents à tout changement et voudrait en rester à une situation de statu quo.

Un contresens courant

Il arrive très souvent que, par effet de réaction, la personne sans estime personnelle forte prenne refuge dans une attitude faite de susceptibilité extrême, d'orgueil mal placé ou de vanité. La peur des autres conduit à une certaine agressivité. Cette attitude est typique d'une personne qui éloigne les autres par peur de se confronter aux points de vue différents, voire antagonistes.

Or, contrairement à une objection courante, il existe une différence radicale entre l'estime personnelle et la vanité.

Dans le premier cas, le sentiment de la valeur intrinsèque naît du sentiment gratifiant d'une évolution toujours possible et profondément souhaitable.

Dans le second cas, ce même sentiment s'appuie sur la perception (souvent fausse) d'un achèvement qu'on veut croire définitif. L'adepte de l'estime personnelle croit à son progrès comme à celui des autres, le vaniteux, souvent par impuissance inavouée, croit avoir franchi toutes les étapes du développement intérieur et limite régulièrement l'expression d'autrui à seule fin de renforcer son prestige personnel. Il va sans dire qu'une telle conception des relations humaines équivaut à multiplier antagonismes et oppositions.

L'estime de soi exclut à la fois toute fausse modestie, agressivité et orgueil sans rapport avec les capacités réelles.

Une fois achevé l'examen des critères et des indicateurs clés d'une bonne et d'une mauvaise estime de soi, complétez votre étude grâce au tableau synoptique que vous trouverez à la fin du chapitre (prêtez particulièrement attention au découpage en colonnes).

Recommandation pratique : une fois par mois durant une année, relisez avec soin le tableau synoptique.

Vous pourrez évaluer et éventuellement recadrer votre stratégie visant à conquérir l'estime personnelle, indispensable antichambre de l'assertivité.

Questionnaire d'auto-évaluation

Pour conclure votre étude de l'estime de soi, remplissez le questionnaire d'auto-évaluation. À l'instar des tableaux précédents, réexaminez-le régulièrement afin de mesurer vos progrès.

	Oui	Non
1. J'aime donner mon opinion.	☒	❑
2. Je suis très conscient(e) de mes qualités.	☒	❑
3. Je suis très conscient(e) de mes défauts.	☒	❑
4. Je perds facilement confiance en moi.	❑	☒
5. Les autres m'impressionnent par leur aisance.	☒	❑
6. J'ai toujours peur de parler trop ou pas assez.	☒	❑
7. J'accepte l'échec comme une expérience normale de l'existence.	☒	❑
8. Je reparle constamment de mes erreurs et échecs.	❑	☒
9. Je ne vis que pour le succès.	☒	❑
10. J'apprends autant de mes échecs que de mes succès.	☒	❑
11. J'aime passer du temps en ma compagnie.	☒	❑
12. J'ai toujours un projet d'acquisition de nouvelles connaissances en cours.	☒	❑
13. Il m'arrive de douter de tout.	❑	☒
14. Parfois je panique complètement.	❑	☒
15. J'aime m'imposer.	☒	❑

Le but de ce questionnaire n'est pas de comptabiliser les cases Oui et Non, mais de développer vos facultés d'introspection et d'intuition sur votre identité profonde. Bref, dans cette auto-évaluation il n'y a pas de « bonne » ou de « mauvaise » réponse, mais seulement une série d'appréciations subjectives et de constats qui se modifieront au gré de votre action personnelle.

Quelques remarques

Ce questionnaire évoque volontairement à plusieurs reprises le terme d'échec. Dans le souci louable de développer un état d'esprit positif, beaucoup d'individus tendent à vouloir exorciser l'idée même d'échec jusque dans leur vocabulaire. Une telle attitude revient à s'enfermer dans un dangereux processus de rationalisation. Dans ce processus, la personne tend à survaloriser ses succès et à dramatiser outre mesure les déconvenues et obstacles, inséparables de la vie. Dans les deux cas, il en résulte une perte de contact avec la réalité.

L'estime personnelle bien comprise intègre les notions de contre-performance, de retard, et de droit à l'échec.

Par ailleurs, nous espérons vivement que vous avez répondu par l'affirmative à la question 13.

Le doute est une réaction non seulement normale mais hautement souhaitable. Ne jamais être affecté par des interrogations sur le sens de son action et de son existence traduit à la fois une rigidité psychologique excessive et un manque total de réflexion sur sa propre expérience. Ne confondez pas détermination et rigidité, certitude et sclérose. La rigidité psychologique exprime avant tout un sentiment d'insécurité intérieure. Cherchez dans votre environnement professionnel les personnes qui, régulièrement, surmontent les obstacles de façon constructive. Essayez de déceler les « techniques » de ceux qui, face au changement, doutent et s'interrogent mais établissent ensuite un plan d'action afin de surmonter les difficultés de façon créative. Bref, sachez rester à l'écoute des informations (déclarations, confidences, attitudes, comportements...) en provenance de votre entourage.

Qu'est-ce que l'estime personnelle ? Tableau synoptique

Ce qu'est l'estime personnelle	Ce qu'elle n'est pas
Autodétermination	Passivité face aux événements
Capacité à se fixer des objectifs dans le temps	Procrastination
Action réfléchie	Réflexion excessive
Examen régulier des atouts et faiblesses	Défaut d'introspection
Formation permanente	Illusion de la maîtrise
Hiérarchisation des priorités	Stratégie du tout ou rien et du tout tout de suite
Choix conscient fondé sur l'expérience	Jugement approximatif
Affirmation de soi	Évitement, fuite ou modestie excessive
Confiance en soi	Doute et auto-dénigrement
Confiance en autrui (raisonnable et raisonnée)	Méfiance généralisée
Capacité à déléguer	Besoin de contrôle
Relation ouverte sur l'environnement	Fermeture aux autres
Anticipation de l'avenir	Passéisme et culte du passé
Gestion positive du changement	Crainte du changement
Dynamisme	Statisme
Cerveau gauche et cerveau droit	Cerveau gauche ou cerveau droit
Intégration des différentes composantes psychiques, intuition	Peur de se prendre soi-même comme objet d'étude
Connaissance de soi	Auto-tromperie
Multidimensionnalité (voir de multiples aspects dans une même réalité)	Unidimensionnalité (ne privilégier qu'un seul aspect)
Vision holistique de l'existence	Dogmatisme et rigidité
Théorie et pratique	Théorie ou pratique
Esprit de tolérance (chaque point de vue m'enrichit)	Sectarisme (je possède la vérité, les autres ne m'apportent rien)

3 S'affirmer, pas s'imposer

Vous et les autres

Vous savez maintenant que toute stratégie assertive débute par un auto-examen approfondi (objectifs, obstacles, évaluation des potentiels et compétences). Mais, après cette nécessaire phase d'auto-analyse, vous devez ensuite déboucher sur ce qui fait le cœur et l'intérêt de la méthode : *l'instauration de relations positives avec les autres,* essentiellement en milieu professionnel, et bien sûr, *la résolution de conflits* entre les personnes. La résolution de conflits justifie à elle seule l'apprentissage de l'assertivité. Raison pour laquelle ce troisième chapitre est le plus étendu de cet ouvrage. Prenez le temps de l'étudier attentivement.

Trop souvent, de mon point de vue, les auteurs spécialisés dans les techniques d'assertivité abordent d'emblée la problématique relationnelle sans passer par la phase initiale d'introspection c'est-à-dire d'auto-analyse. Le choix pédagogique de ce livre est de vous proposer, dans une approche que nous espérons homogène, *la gestion simultanée de trois niveaux de réalité indissociables* :

– l'image que vous avez de vous-même (à tort ou à raison) ;
– celle que vous véhiculez et que les autres perçoivent (consciemment ou non) ;

– la manière dont l'évolution de votre comportement affecte, positivement ou non, vos relations avec votre entourage.

Dès lors, scinder auto-management (de soi vers soi) et exo-management (de soi vers les autres et des autres vers soi) devient artificiel, sinon erroné.

De manière pratique, vous développerez rapidement un bon niveau d'assertivité si, dès maintenant, vous décidez une fois pour toutes d'envisager vos relations interpersonnelles à partir de cette boucle d'action/réaction/interaction (cas de figure 1) :

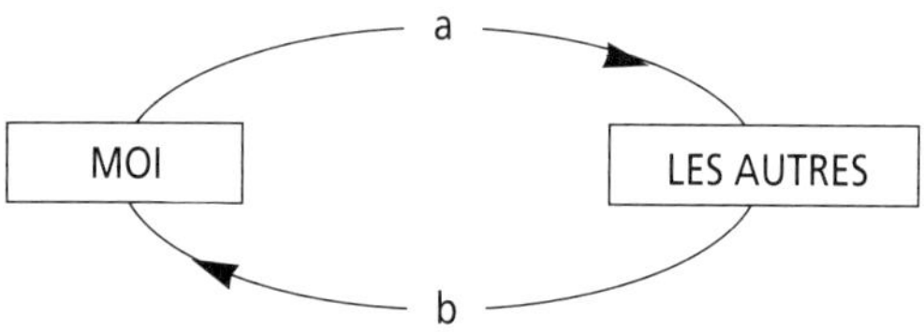

et non plus de celle-ci (cas de figure 2) :

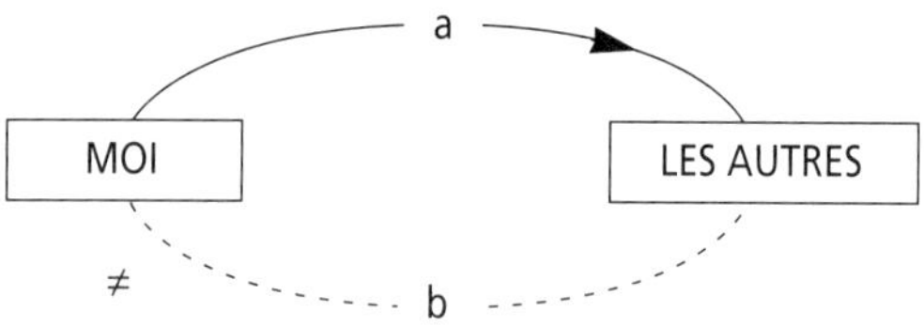

Explication et commentaire : Dans le premier cas de figure, vous acceptez le fait que vous exercez une action sur les autres (bonne, mauvaise ou indifférente) mais surtout que la relation d'interaction entre vous et les autres est permanente. Dans votre esprit, a correspond à la proposition « J'influence les autres » et b à la proposition « Les autres m'influencent aussi ». Si vous jugez que c'est très bien ainsi, vous avez une conception ouverte, dynamique et pour tout dire enrichissante, des relations humaines.

Dans le second cas de figure, en revanche, vous entretenez une relation complètement déséquilibrée. La proposition a est toujours « J'influence les autres » mais la proposition b marque une opposition (≠).

Par votre attitude, vous voulez exercer un pouvoir sans subir celui des autres, influer mais en limitant au maximum l'emprise des autres sur vous (flèche en pointillé).

Néanmoins, très souvent, l'influence des autres ne se réduit pas à une somme de contraintes et d'entreprises coercitives ! Elle est aussi enrichissement, découverte, échange. En psycho-cybernétique un système donné est considéré comme sclérosé ou dégénérescent à partir du moment où il cesse de se réorganiser à partir d'informations extérieures. Sans être un robot, l'homme fonctionne, sur bien des points, comme un système complexe d'échange de signes, signaux et décodage d'informations.

Savoir capter et interpréter les informations ambiantes (souvent inconscientes) émises par l'entourage est essentiel à l'acquisition de l'assertivité.

L'accord parfait, un idéal dangereux

Les spécialistes de l'assertivité font très bien ressortir un double phénomène constamment à l'œuvre dans les rapports humains, familiaux et professionnels.

L'homme est ainsi fait que, sous-jacent à son action, on trouve un archétype bien connu : la recherche de l'harmonie universelle, l'entente entre les hommes de bonne volonté, le paradis sur terre où le lion joue avec l'agneau. Nous n'avons pas à nous prononcer sur les présupposés moraux, philosophiques ou religieux de cet idéal, ni même à spéculer sur son éventuelle dimension mythologique. L'examen des faits suffit amplement à notre propos. Car, naïf ou pas, idéaliste ou pas, le désir d'une harmonie sans faille dans la communication interpersonnelle régit, souvent à l'insu des intéressés, le comportement des hommes et des femmes. Songez-y : le fait de surutiliser un téléphone mobile ou de se brancher à longueur de journée sur Internet ne change rien à l'affaire. Les moyens techniques évoluent constamment mais la motivation reste inchangée (communiquer, se relier, développer un sentiment d'appartenance au groupe). Pourtant, si on l'interroge à ce sujet, l'individu moderne – surtout s'il s'agit d'un homme – récuse toute fascination pour l'angélisme et invoque même la pratique d'un certain cynisme comme stratégie de communication efficace ! Quelques phrases, glanées au gré des conversations en témoignent : « Nous ne vivons pas dans un monde parfait » ; « Voilà des milliers d'années que les conflits existent, ce n'est pas aujourd'hui que ça va changer » ; « Nul n'est prophète en son pays ». Insistons. Plus qu'un pragmatisme de bon aloi, ces formules trahissent une réelle amertume et, en tout cas, une nostalgie d'un monde de l'origine, sans conflits ni incompréhensions entre les êtres. *Or, si quasiment tout le monde nourrit le même idéal de concorde, pourquoi les relations au quotidien sont-elles si compliquées, hasardeuses et fragiles, tout spécialement dans le monde du travail ?*

Le second terme du double phénomène fournit la réponse. La vision mythique d'une communication directe et facile (évidemment impossible à réaliser dans la pratique) nous fait redouter et fuir par avance les conflits interpersonnels. Par exemple, les membres d'une même famille, malgré la profondeur de leurs sentiments, ne se fréquentent plus, ou si peu, pour une phrase malencontreuse. Chacun se replie, persuadé d'avoir été blessé et incompris. Il n'existe pour ainsi dire aucune cellule familiale qui ait su échapper à ce type de conflit relationnel. Face à cette réalité, chacun y va de sa formule lapidaire : « Si un frère et une sœur se disputent pour un rien, comment imaginer qu'on puisse travailler ensemble au sein d'une entreprise ? » ou encore « Être sincère ? On ne m'y reprendra plus. » Là encore, le cadre de référence est celui d'un monde idéal où l'humanité ne serait, au fond, qu'une immense famille unie.

Si vous prenez la peine d'explorer sincèrement votre expérience personnelle vous découvrirez la traduction de ce double mouvement : *souhait d'accord parfait avec les personnes qui vous intéressent mais crainte de ne pas aboutir à l'accord tant recherché et, de ce fait, forte propension à fuir tout risque de conflit.*

Cet idéal, potentiellement dangereux dans la mesure où tous les totalitarismes prétendent instaurer une société sans conflit, tend à bloquer l'évolution normale des relations interpersonnelles. À commencer par le monde de l'entreprise où une bonne circulation de l'information grâce aux échanges constitue pourtant la base même de l'efficacité professionnelle !

Dites-vous bien que si vous ne recherchez pas le conflit, l'autre non plus. D'où la notion d'émergence d'un consensus mou sur lequel humoristes et leaders d'opinion se plaisent à ironiser.

Or, pour une large part, devenir adulte c'est accepter le conflit, la différence, la résistance, voire la franche opposition. Vouloir se conformer absolument à un schéma idéal aboutit souvent à une véritable stérilisation des rapports humains. Pour éviter heurts et conflits chacun aligne sa communication sur le plus petit dénominateur commun. Romain Rolland dans son immortel roman *Jean-Christophe* s'était plu à brocarder ces repas de famille où « la conversation ne sort pas de ce qu'on mange ».

Afin que la ligne de communication entre vous et les autres se mette enfin à fonctionner, acceptez l'idée du conflit comme inhérente aux rapports humains. Bref, ne niez plus les conflits, cessez de les craindre et apprenez simplement à les gérer avec pragmatisme et détachement. Le principe d'action à retenir tient en un dicton : le mieux est l'ennemi du bien. Traduction en langage assertif : *ce n'est pas parce que l'accord absolu est improbable qu'on ne peut pas parvenir à un accord relatif mais satisfaisant.* Après tout, nul ne vous demande de partager tous les goûts et aspirations de vos collègues pour travailler avec eux. C'est pourquoi, limitez-vous à rechercher les points d'accord indispensables, c'est-à-dire nécessaires à l'accomplissement de vos missions. Cette attitude, en soi, est déjà une forme de communication assertive.

De l'accord au contrat

L'accord entre individus, quelle que soit sa nature, doit être obtenu sur la base d'un contrat et non de déclarations verbales sans engagement réel. Rappelons que seul un contrat équitable est efficace à long terme. Sans aller jusqu'au notaire ou à l'avocat, le *contrat moral assertif* prend plusieurs paramètres en considération :

- un objectif commun et reconnu comme tel par les parties concernées ; par exemple : « Je fabrique le produit, tu te charges de le distribuer, on se partage les bénéfices » ;
- une stratégie discutée, détaillée et acceptée ; par exemple : « Notre but à moyen terme est de réaliser X millions de francs de chiffre d'affaires en vendant nos produits exclusivement dans tel type de magasin » ;

– un calendrier prévu à l'avance pour définir un nouveau contrat ; par exemple : « On convient de se retrouver à la fin de chaque année, on passe les résultats de l'année écoulée au crible et on recadre notre action en conséquence s'il y a lieu. »

Dans le processus assertif, en prenant l'exemple d'un risque de conflit de personnes, on procède exactement de la même manière :

– *phase de reconnaissance et d'analyse du conflit* (potentiel ou avéré) : « J'aimerais bien intégrer Michel dans ma nouvelle équipe mais il paraît que c'est une sacrée soupe au lait » ;
– *phase de négociation* :« Michel, j'aimerais qu'on puisse travailler ensemble mais fais l'effort de te maîtriser et de laisser les autres s'exprimer sans prendre la mouche pour un oui ou pour un non » ;
– *phase de contrat,* toujours explicite : « Michel, si tu en es d'accord, je te prends dans l'équipe. Mais avec les réserves que nous venons d'évoquer. Concrètement je te propose qu'on fasse le point tous les trimestres pour voir si les termes de notre contrat moral ont bien été respectés pour nous deux. »

Ce mode d'exposition a, admettons-le, un côté un peu scolaire. Mais il présente l'énorme avantage de responsabiliser Michel et de l'impliquer dans un processus soumis à examen régulier. Attention : si vous proposez un contrat d'accord, songez à évoquer de la façon la plus explicite les engagements de chacun et songez, bien sûr, à les respecter vous aussi !

Outre son évidente utilité pratique, l'accord-contrat comporte une astuce. Celui qui en est l'instigateur (vous) gagne un certain ascendant sur les contractants (vous avez l'avantage d'être celui qui a su organiser une relation interpersonnelle) et peut toujours invoquer le contrat pour motiver, si nécessaire, certaines sanctions. Par exemple : « Michel, tu t'étais pourtant engagé à surveiller ton comportement mais je constate qu'il n'en a rien été. Dans ces conditions je ne pense pas que ta présence au sein de l'équipe soit encore souhaitable. »

Évidemment, on pourra vous reprocher votre âme de procédurier, votre manie de vouloir mettre les autres sous contrôle. Ces inconvénients, somme toute mineurs, ne doivent pas vous faire perdre de vue l'essentiel ; vous avez su transformer, résoudre un conflit de façon assertive (Michel prend des engagements, ne les respecte pas et reçoit une sanction dont il a accepté le principe).

La base contractuelle, aujourd'hui tant vantée par les politiques, doit trouver dans les relations de travail une application concrète, c'est-à-dire assertive.

Vos droits assertifs et ceux des autres

L'idée d'accord obtenu par contrat (moral ou autre) implique une petite révolution culturelle dans votre façon de voir les autres. Toutes les écoles d'*assertiveness* prennent soin de recenser les droits assertifs de l'individu.

Dans vos relations, le fait d'affirmer vos droits en laissant aux autres la possibilité d'affirmer les leurs est crucial. Cette double capacité résume d'ailleurs toute la philosophie de l'assertivité. Les droits assertifs qu'un être humain est susceptible d'exercer peuvent être classés en deux grandes catégories :

1. l'expression des convictions, opinions, sentiments et goûts personnels ;
2. l'expression des doutes, questions, faiblesses et limites.

Examinez attentivement les deux listes suivantes. Vous remarquerez vite comme notre conditionnement mental (*cf.* Chapitre 1) inhibe nos talents et droits assertifs.

D*roits assertifs de la catégorie 1*

- J'ai le droit de ne pas me sentir coupable (quand je commets une erreur, si je blesse quelqu'un par mes propos, si je vois des horreurs au journal télévisé, si je n'offre pas toute mon aide à chaque fois qu'on me sollicite).
- J'ai le droit de ne pas prendre en charge les problèmes des autres.
- J'ai le droit de dire ce que je pense (dans le respect des convictions des autres et dans le respect des règles de la bienséance).
- J'ai le droit de faire des choix, de les exprimer et, éventuellement, d'assumer les conflits qui pourront résulter de mes prises de position.
- J'ai le droit de ne pas être d'accord au cours d'un échange de vues, même si le sujet peut paraître anodin (chronique de la vie des célébrités ou commentaire d'événements sportifs).

☞

☞

- J'ai le droit de choisir mes fréquentations et de revendiquer mes fidélités ou au contraire mes changements de cap.
- J'ai le droit d'arriver en retard au travail (à condition que je me sois organisé(e) pour que mes collègues n'aient pas à en subir les conséquences).
- J'ai le droit d'arriver en retard à un rendez-vous en fournissant le motif réel (« J'ai oublié de me réveiller parce que j'étais fatigué(e) » et non pas « Ah ça c'est incroyable ! J'ai tourné pendant trente minutes dans le quartier avant de trouver une place de parking »).

À vous de compléter cette liste avec cinq exemples personnels : J'ai le droit de...

Droits assertifs de la catégorie 2

- J'ai le droit de dire au cours d'une soirée que je n'ai pas compris une plaisanterie qui fait rire tout le monde.
- J'ai le droit, dans une réunion, de marquer mes réserves ou mon étonnement.
- J'ai le droit de poser des questions (sans esprit de provocation).
- J'ai le droit de ne pas être sur la même longueur d'ondes que les autres et de le faire savoir (sans agressivité).
- J'ai le droit de reconnaître mes erreurs et mes torts sans être infériorisé(e) par mon entourage.
- J'ai le droit d'avoir peur (d'une personne, d'une situation...) et de le dire.
- J'ai le droit de douter de mes capacités et de celles des autres (sans faire de procès d'intention aux autres).
- J'ai le droit de dire que je suis fatigué(e) et que je veux un moment de paix.
- J'ai le droit d'exiger qu'on respecte mon droit à l'erreur.

À nouveau, complétez cette liste, non exhaustive, par cinq exemples personnels : J'ai le droit de...

Relisez à nouveau les listes 1 et 2 et vos exemples personnels, puis posez-vous sincèrement cette question : ne vous est-il pas arrivé, au cours de votre lecture, de vous écrier intérieurement : « Bien sûr que j'ai le droit de dire ou faire telle ou telle chose, mais jamais je n'oserai passer à l'acte car les conséquences sont trop importantes, au bureau comme à la maison » ?

Cette réaction est parfaitement normale. Ne la réprimez surtout pas. Décidez simplement de procéder par étapes successives. Concrètement, parmi vos suggestions pour les listes 1 et 2, sélectionnez celle qui vous paraît la plus facile à mettre en application (par exemple : arriver en retard au bureau) et décidez de passer à l'acte dès cette semaine. Ce petit exercice, malgré sa modestie, va enclencher en vous le mécanisme assertif, puis plus tard, le réflexe assertif. Hormis cas exceptionnels, la personne qui décide de *tout* changer dans son existence modifie finalement *peu* de choses. Procédez différemment : sélectionnez un problème peu épineux à résoudre puis exercez vos talents sur un autre plus complexe. En fait, il n'y a guère moyen de procéder autrement… vis-à-vis de vous-même comme des autres.

Dans tous les cas de figure, souvenez-vous de cette règle d'or des droits assertifs : vous devez accorder aux autres les droits que vous revendiquez pour vous-même.

Vous estimez avoir le droit de faire des remarques sur le travail de votre collègue, acceptez la réciproque. Sur le papier, cette règle de pur bon sens ne soulève aucune objection mais, dans la pratique, les mêmes qui clament bien haut (et à juste titre) leur droit à l'erreur ne laissent littéralement rien passer dans le comportement des autres. Tout y passe : les manquements, bévues, faiblesses ou même les remarques personnelles désagréables (« Il veut nous en imposer avec sa nouvelle voiture mais je suis sûr qu'il n'a pas le premier sou pour la financer » ; « Elle fait une drôle de tête en ce moment, il doit y avoir de l'eau dans le gaz entre son mari et elle »).

Sachez que l'assertivité rime toujours, mais absolument toujours avec tolérance, écoute et ouverture aux autres.

C'est pourquoi, l'apprentissage de l'écoute réelle ou *écoute active* est un préalable indispensable aux pratiques assertives. Si vous voulez communiquer efficacement avec les autres, vous devez d'abord apprendre à les écouter. C'est aussi simple que ça.

L'influence passe par l'écoute

Si vous ne deviez retenir qu'un seul principe de ce livre, ce devrait être celui-ci : *nous ne savons pas écouter et si nous savions le faire notre relationnel s'en trouverait proprement transfiguré.* C'est d'ailleurs tellement vrai que l'apprentissage de l'écoute, outre qu'il constitue la trame des cours de management et de psychologie, figure dans pratiquement tous les sommaires des ouvrages consacrés au développement personnel. Celui que vous tenez entre vos mains ne fait pas exception à la règle ! Logiquement donc, au vu de l'inflation d'articles, livres, émissions, stages et colloques sur le sujet, nous devrions vivre dans une société de l'écoute généralisée. Or chacun peut dresser ce constat surprenant : la multiplication des médias et des métiers liés à la communication ne s'accompagne pas, ipso facto, d'une qualité d'échange en proportion. Pour une raison simple à comprendre : *l'écoute est rarement un état d'esprit spontané mais le résultat d'un authentique travail sur soi.* Chacun s'écoute mais n'écoute pas. Très souvent, nos conversations quotidiennes ne sont que la juxtaposition de deux monologues. Exemple, parmi des milliers :

– Qu'as-tu fait ce week-end ?
– Moi ? Rien de spécial.
– Moi non plus car il ne faisait pas beau.
– Eh bien, moi je suis allé au cinéma.
– Moi aussi, j'ai vu tel film.
– Et moi tel autre. Que c'était drôle.
– En revanche, le week-end prochain, je vais à Deauville.
– Moi, je vais chez ma mère dans le Limousin.

Inutile de poursuivre. Ce court exemple, simple, nullement exagéré, quotidiennement repris en d'infinies variantes, constitue la trame des discussions au café, au restaurant, au bureau bien sûr, et malheureusement, en famille.

Si vous souhaitez développer une personnalité assertive, il vous faudra construire ou reconstruire votre stratégie de communication à partir des vertus de l'écoute active. Nous allons examiner ce que vous pouvez concrètement attendre d'une telle démarche.

Une mine de renseignements à exploiter

Faute d'observer et d'écouter les autres avec suffisamment d'attention, nous passons tous les jours à côté d'informations et de renseignements qui pourraient être très utiles pour la pratique de l'assertivité. Dans la vie en entreprise, les individus, par leur comportement verbal ou gestuel, traduisent ou trahissent sentiments, émotions, dispositions amicales ou antipathiques.

Évidemment, étudier l'attitude de ses collaborateurs permet au manager avisé de gérer au mieux ses effets assertifs et d'éviter ainsi pertes de temps et d'énergie. En clair, *la communication en mode assertif est d'autant plus efficace qu'elle tient compte des différences de personnalité.* À un extraverti sachant bien s'exprimer et aimant répondre du tac au tac, on pourra réserver des formules assertives très marquées : « Paul, expliquez-moi pourquoi vous n'avez pas encore trouvé le temps de contacter Lambert, un de nos meilleurs clients. J'aimerais que nous prenions le temps de nous expliquer franchement sur ce point. »

Avec une personne plus introvertie, peu à l'aise à l'oral, il conviendra d'adopter un ton plus nuancé : « Mireille je sais qu'on a tous beaucoup de boulot en ce moment. Mais il y a quelques jours, souvenez-vous, nous avons évoqué le cas Lambert. Avez-vous pu faire le nécessaire ? »

Dans les deux cas de figure, le but est identique : s'assurer que Lambert a bien été contacté alors que seul le mode d'exposition des arguments change. Ces exemples, sont sans doute extrêmes, tant les différences de comportement entre l'extraverti et l'introverti sont facilement perceptibles, mêmes des moins psychologues, mais d'autres observations, plus subtiles, sont tout aussi révélatrices et riches d'enseignements. Par exemple, beaucoup de personnes attirent l'attention par des plaintes et des récriminations permanentes. C'est une façon de manifester, souvent de manière indirecte, leur colère et leur frustration : « Dans cette baraque, rien ne fonctionne normalement ! » ; « On se moque de nous ici. Les boulots intéressants vont toujours aux mêmes. »

Manière non assertive et manière assertive

Le réflexe usuel, en pareil cas, est de passer outre aux incessantes récriminations d'une telle personne. Mais bien souvent, cette attitude (proche de celle de l'enfant) traduit un besoin d'approbation et de valorisation. Du reste, il n'en faut pas plus, bien souvent, pour recadrer les éternels récalcitrants. Pour reprendre le même exemple, voici comment procéder.

– *manière non assertive* : « Dans cette baraque rien ne fonctionne normalement » ; « Écoutez mon vieux, si vraiment vous ne vous plaisez pas ici, personne ne vous retient ! » ;
– *manière assertive* : « Dans cette baraque rien ne fonctionne normalement » ; « Certes, rien n'est parfait, ici comme ailleurs, mais pouvez-vous m'indiquer un point précis révélateur d'un dysfonctionnement grave dans cette entreprise ? » ; « Eh bien le direction ne nous consulte jamais... et le photocopieur est toujours en panne. Sans parler de la machine à café » ; « À quels signes jugez-vous que la direction ne nous consulte pas suffisamment ? J'aimerai recueillir votre avis sur ce point. »

Analyse des deux manières : Dans le premier cas de figure, la communication débouche très vite sur une fin de non-recevoir. Souvenez-vous que, hormis cas exceptionnels, une répartie agressive ou « bien sentie » est totalement contraire à l'esprit assertif. En renvoyant la personne à ses propres interrogations non seulement vous ne recueillez aucune information, mais vous brisez un lien relationnel.

Dans le second cas de figure, au contraire, l'acte de communication se conclut par un acte assertif positif. Vous recueillez différentes informations auprès de la personne (en effet, peut-être a-t-elle réellement perçu un manque de considération de la part de la hiérarchie). De plus, par un subtil jeu de questions/réponses vous amenez la personne à recadrer elle-même son point de vue. Très souvent, les récriminations individuelles portent plus sur un climat général que sur des faits concrets. Assez souvent, les rouspéteurs rapprochent des constats de niveaux différents (*cf.* une remarque de portée globale sur le management de l'entreprise suivie d'une anecdote sur un matériel jugé défectueux).

La pratique du dialogue concourt à renforcer la qualité de communication dans une équipe ou un service... à condition bien sûr de ne pas jouer au professeur, au consultant, au psychanalyste, au redresseur de torts ou au donneur de leçons. Bref, une certaine humilité doit toujours présider aux échanges interpersonnels.

Toutefois, si vous décidez de communiquer en mode assertif, tout spécialement dans la résolution des conflits, vous devrez vous tenir à une ligne de conduite claire et durable. En d'autres termes, vous ne pouvez pas à la fois être assertif et vous laisser aller à récriminer, critiquer sans cesse, attaquer ou vous plaindre, comme le fait votre entourage. Si tel était le cas, les autres ne tarderaient pas à noter (et à vous faire remarquer !) le manque de cohérence entre vos propos et votre attitude.

Dans la pratique, l'assertivité exige une certaine auto-surveillance (paroles, gestes, comportements...). Si vous optez pour l'assertivité, votre entourage, privé ou professionnel, verra dans votre nouvelle attitude un élément stabilisateur, voire fédérateur.

Savoir formuler vos critiques

Ce comportement, un peu au-dessus de la mêlée, ne signifie en aucune façon l'abandon de toute critique. Être assertif n'est pas faire de l'angélisme ! Concrètement, l'usage des critiques assertives obéit à quelques règles précises. Ainsi, pour porter efficacement, toute critique concernant une situation, une personne ou un groupe de personnes doit être :

- *mesurée* : c'est-à-dire strictement proportionnée à la situation ou à la personne considérées ;
- *non définitive* : aucune critique, à l'exception de cas graves, n'a valeur de condamnation imprescriptible ;
- *rationnelle* : c'est-à-dire fondée sur des faits objectifs, concrets, mesurables, observables, bref, excluant dans toute la mesure du possible, la part de subjectivité inhérente à tout jugement de valeur.

Si ces conditions sont remplies, vos interlocuteurs pourront essuyer vos critiques, même vives, sans en être durablement meurtris ou déstabilisés. Ce point est important ; l'usage intelligent des critiques doit servir à débloquer des situations et non susciter des hostilités durables. Erreur pourtant commise par de trop nombreux responsables d'encadrement !

Ne se sentant plus jugés par vos remarques, vos interlocuteurs n'hésiteront plus guère à vous faire part de leurs sentiments et opinions réels. Vous en tirerez probablement quantité d'indications, voire de révélations sur la manière dont fonctionnent ou dysfonctionnent les services auxquels vous êtes rattaché(e) à l'intérieur de l'entreprise.

Souvenez-vous que tous les points de vue, même les moins pertinents selon vos critères, revêtent une utilité opérationnelle à un moment ou à un autre. Par exemple, vous allez découvrir que sous ses airs bourrus, Jacques n'hésite pas à ouvrir son carnet d'adresses pour vous faire bénéficier de ses contacts, alors que Sophie, bien plus avenante, multiplie les déclarations d'intention sans leur donner de suite concrète. En un mot comme en cent, c'est souvent sur la manière dont vous formulez vos observations et critiques que vos interlocuteurs vont vous juger.

Si l'assertivité enseigne comment émettre des critiques en mode assertif elle apprend également à en recevoir. Lorsque c'est le cas, observez ces trois règles :

- *essayez de mettre votre personnalité entre parenthèses* exactement comme si la critique s'adressait à un tiers ; quand nous sommes directement concernés le réflexe naturel est de nier la remarque pour immédiatement répliquer, se défendre et contre-attaquer ;
- *laissez à votre interlocuteur le temps de s'exprimer* sans céder à la tentation de lui couper la parole : cette phase de verbalisation de votre contradicteur comporte en principe l'exposé des griefs et des fameux « faits objectifs » évoqués plus haut ; faites mentalement le tri entre les faits avérés (« Vous arrivez tous les jours en retard ») et les opinions (« Vos retards répétés prouvent votre incompétence ») ;
- *répondez aux critiques en vous appuyant à votre tour sur les faits* (« Avez-vous personnellement constaté que j'arrive réellement *tous les jours* en retard ») et en ramenant les opinions à ce qu'elles sont (« On peut être parfois en retard sans perdre pour autant ses compétences professionnelles »).

Cette attitude calme et réfléchie développera automatiquement votre confiance en vous-même et donc, votre pouvoir assertif. Votre action doit tendre à l'acquisition de cette stabilité intérieure. Développer une bonne capacité de distanciation et d'analyse par rapport aux réactions émotionnelles vous sera toujours très utile dans la gestion des conflits.

En cas de conflit

Pour comprendre et mesurer la nature des conflits interpersonnels le recours à certaines modélisations s'avère nécessaire. Nous allons rapidement en passer deux en revue : celle de Karpman et le schéma *ternaire* en assertivité (fuite, attaque, manipulation).

Le triangle Persécuteur, Sauveur, Victime

Le psychiatre Stephen Karpman a répertorié les trois rôles principaux qui se retrouvent dans la plupart des conflits et leurs relations triangulaires.

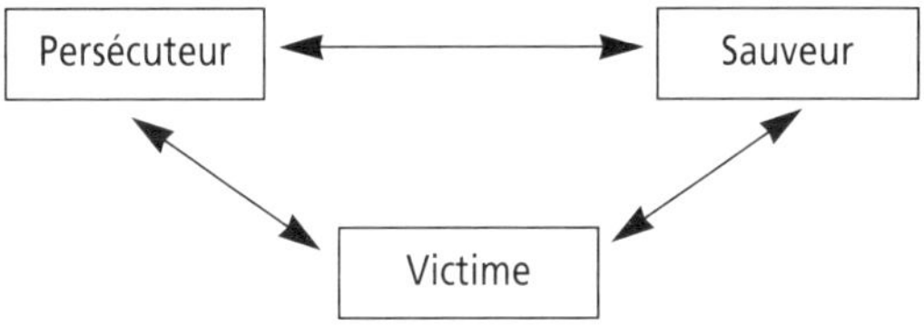

- **Le Persécuteur** exprime généralement sa disposition d'esprit par le mépris et ne s'embarrasse pas des règles élémentaires de la courtoisie ; il a d'abord été victime (du mauvais travail de ses collaborateurs, de leurs manquements ou actes de malveillance...) et se croit donc en droit de se comporter de manière quasiment agressive.
- **La Victime** est tout d'abord victime de son propre comportement mais également d'un quelconque Persécuteur. Avec le temps, la Victime se fait à son tour Persécuteur maintenant ainsi un schéma négatif dans les relations interpersonnelles.
- **Le Sauveur** n'existe évidement que dans le cas où un interlocuteur joue le rôle de la Victime et qu'un Persécuteur est clairement identifiable. Mais attention : le Sauveur qui parvient à régler les problèmes risque de maintenir les « victimes » en état de dépendance, voire d'impuissance. Bref, la Victime peut devenir victime de son Sauveur.

On peut donc aisément conclure que ces trois rôles n'ont rien à voir avec l'attitude assertive pour résoudre les conflits de personnes. Mieux vaut, pour négocier efficacement, considérer les autres sous un rapport d'égalité.

En effet :

- la *Victime* ne se respecte pas elle-même et en veut aux autres de savoir résoudre, mieux qu'elle, ses propres conflits ;
- le *Persécuteur* ne respecte personne et accumule inévitablement antagonismes et oppositions ;
- le *Sauveur* ne respecte pas vraiment la Victime qu'il infantilise en ne lui reconnaissant pas la capacité à trouver ses propres solutions.

Toutefois, il serait irréaliste de croire que l'on peut échapper complètement à chacun de ces trois rôles, d'ailleurs tous en interaction. Car tour à tour nous endossons tel ou tel rôle au gré de nos besoins psycho-affectifs ou des conflits qu'il nous faut surmonter. Mais dans une large mesure, le développement de l'assertivité permet d'échapper à l'enfermement dans un schéma comme celui mis en évidence par Karpman.

Questionnaire d'analyse

À l'intérieur comme à l'extérieur de l'entreprise, les conflits sont d'ampleur et de nature différentes. Mais leur charge émotionnelle empêche souvent d'opérer ces distinctions. Nous sommes ainsi faits que ce qui nous touche directement prend rapidement des allures redoutables et bégnines s'il s'agit de tiers. C'est pourquoi, la première étape, dans la gestion assertive des conflits, est d'en dresser au préalable une sorte de topographie. Ce court auto-questionnaire va vous aider à situer l'intensité des conflits auxquels vous avez à faire face.

1. *Le conflit vous implique-t-il à titre personnel ?*
   L'exemple type est celui de l'incompatibilité d'humeur entre deux personnes. Disons franchement que dans certains cas, l'assertivité sera de peu d'utilité. Résoudre un conflit suppose au moins que les deux parties, de leur propre chef, acceptent de se mettre autour de la table des négociations, au propre comme au figuré.
2. *Le conflit touche-t-il plusieurs personnes dont vous-même ?*
   L'exemple type est celui du rapport de forces entre direction et personnel de l'entreprise en cas de crise (annonce d'un plan de restructuration, rachat d'une entreprise par sa concurrente...). Là encore, l'assertivité doit tenir pleinement compte des réalités

économiques, sociales et administratives. L'idée à retenir est celle-ci : dans le cadre d'un conflit de dimension sociale, comment souhaitez-vous intervenir ? Avant de vous engager dans une action concrète, évaluez vos chances de succès et faites un point précis de vos connaissances et compétences. Cet exemple personnel va vous édifier et très probablement vous donner matière à réflexion : il y a quelques années, l'assertivité m'a permis de me faire élire sans trop de difficultés à la fois membre du comité d'entreprise et délégué du personnel. Tout à ma campagne j'avais simplement oublié d'acquérir le minimum de connaissances juridiques indispensables à l'exercice de cette activité. Après mon élection il me fallut fournir un effort considérable, en énergie mais surtout en temps, pour me former !

3. *Quel est votre pouvoir d'action véritable dans le conflit ?*
   Dites-vous bien que l'ère des sauveurs est révolue ; en effet, l'entreprise moderne ne laisse nulle place aux chevaliers blancs et autres redresseurs de torts. En clair, l'individu assertif n'est pas un justicier qui règle à leur place les problèmes de ses contemporains. Ces fausses solutions s'écartent résolument de l'esprit assertif, lequel consiste à faire prendre conscience à chacun de son propre pouvoir d'action. Cette capacité à se conduire de manière autonome (adulte) est l'unique façon de parvenir à une résolution positive des conflits.

Une fois clarifiée votre propre position dans le conflit (vos responsabilités, erreurs, mais aussi, droits et devoirs d'affirmation personnelle), cherchez à comprendre le point de vue de la partie adverse. Quelques conseils et astuces vont maintenant vous donner plusieurs leviers d'action pour aller plus loin dans la gestion des conflits interpersonnels.

Les éléments suivants sont directement issus de multiples observations et expériences. Chaque conseil a pour finalité la transformation progressive du conflit en relation positive. Très souvent, deux individus qui ont su surmonter un conflit deviennent sinon amis, du moins très cordiaux dans leurs rapports.

Cinq conseils assertifs

- **Conseil n° 1** : *Ne laissez pas un conflit vous déboussoler émotionnellement.* Bien sûr il est tout à fait normal d'accuser le coup après une attaque virulente. Mais songez que l'attaque, même rude, ne concerne qu'une partie de votre personnalité sans remettre en cause votre identité. Certains individus, de par leur complexion psychologique, reçoivent toute critique, même mineure, comme une remise en cause globale de ce qu'elles font et sont. Gardez le sens des proportions et passez le plus rapidement possible à la phase d'analyse (« En quoi suis-je réellement concerné par la critique ou le conflit ? Dans quel contexte le conflit s'est-il déclaré ? »).

- **Conseil n° 2** : Acceptez remontrances, critiques et attaques avant de passer à l'offensive assertive. Toute critique recèle une part de vérité sur notre personnalité et notre comportement. Intégrez dans votre expérience les éléments justes contenus dans les critiques qui vous sont adressées. Après *avoir écouté les arguments de l'autre,* énoncez les vôtres sans donner l'impression de vouloir régler vos comptes.
- **Conseil n° 3** : Dans toute la mesure du possible, conservez calme et dignité. Faites-vous un principe, même en cas de difficulté grave, d'*observer les lois élémentaires de la courtoisie et de la bienséance.* Une attitude calme et pondérée, nous l'avons vu, impressionne toujours favorablement l'entourage tout spécialement dans les phases de conflits où les nerfs sont parfois mis à rude épreuve ! Comme toujours, ne brûlez pas les étapes mais optez pour le travail progressif. La maîtrise émotionnelle est, sans conteste, l'exercice le plus difficile pour un être humain.
- **Conseil n° 4** : Dans certains cas, n'hésitez pas à *employer une colère simulée.* Ce conseil pourra vous paraître contradictoire avec le précédent. Mais, autant le calme impressionne par son aspect apaisant ou au contraire anxiogène (l'impression d'une force au repos qu'il serait dangereux de déclencher), autant une colère parfaitement maîtrisée peut contribuer à transformer les situations délicates. Beaucoup de managers, sortis des moules de l'éducation à l'anglo-saxonne font de la maîtrise en toutes circonstances l'alpha et l'oméga du comportement adulte et responsable. Or, dans quelques cas extrêmes, l'affirmation de soi par la colère est incomparablement plus efficace que le mutisme désapprobateur. Simplement, à l'explosion ges-

tuelle ou verbale (encore qu'elle puisse avoir son utilité), préférez la colère froide, voire cinglante. Votre but n'est pas d'humilier la ou les parties adverses mais de marquer votre territoire en montrant que certaines limites ne doivent être franchies sous aucun prétexte. L'idéal est, évidemment à l'instar des comédiens, de simuler la colère alors qu'intérieurement vous êtes parfaitement serein. Dans ces conditions, votre respiration ne risque pas de s'emballer ni votre voix de prendre des intonations désagréables trahissant votre émotion. À vous de sentir le moment où vous vous sentez basculer dans une colère réelle et bien sûr de vous maintenir en deçà de ce point.

- **Conseil n° 5** : Dans plusieurs cas de figure, l'assertivité n'est ni possible ni souhaitable. Nous avons vu que la résolution de conflit, pour être authentique, doit mobiliser le côté adulte de chaque protagoniste. Mais dans certains cas, l'interlocuteur ne veut pas – ou ne peut pas – réagir et raisonner selon un mode responsable/adulte. À titre d'image, nous vous déconseillons l'assertivité si vous croisez en pleine nuit trois malfrats armés ou si vous devez argumenter avec une personne en état d'ébriété ! Dans les conflits sociaux durs, une fois explorées toutes les possibilités de négociations, la mauvaise foi manifeste d'une des parties peut déboucher sur un antagonisme insurmontable. Dans ce cas, par tous les moyens à votre disposition, conservez votre calme et faites jouer sans aucun état d'âme tous les rouages classiques en pareil cas (conseillers, juristes, avocats...). Être assertif, en cas de mauvais voisinage par exemple, pourra vous conduire à réclamer l'assistance de la police. En effet, une fois épuisées toutes les tentatives d'accord à l'amiable, vous devez *savoir passer à l'action.*

Clés pour une résolution positive des conflits

Outre l'application des conseils que nous venons de passer en revue, une clé efficace pour résoudre les conflits consiste à repérer trois comportements types évoqués par tous les spécialistes de l'assertivité (schéma ternaire) :

- la fuite ;
- l'attaque ;
- la manipulation.

Bien qu'assez stéréotypées, ces attitudes se retrouvent toutes chez chacun à des degrés divers. Nul n'est, par exemple, totalement fuyard ou manipulateur. Car les plus agressifs peuvent parfois choisir la fuite.

- **La fuite.** Comme son nom l'indique, la fuite consiste à privilégier systématiquement l'évitement (« Je ne veux pas parler de ce problème »), la procrastination (« Mais enfin, on a bien le temps de trouver une solution à ce problème, et puis la nuit porte conseil »), l'aveu d'impuissance (« Finalement ça ne sert à rien de négocier car tu vois bien qu'Henri ne veut rien savoir ni entendre raison »). Fuir revient à laisser le conflit en l'état sans jamais lui apporter de solution réelle. Parfois par faiblesse, mais le plus souvent par manque de connaissances sur les moyens à mettre en œuvre, nous choisissons la passivité plutôt que l'assertivité.
- **L'attaque.** Elle consiste à laisser libre cours à l'agressivité dans l'espoir – illusoire – de briser net le nœud du conflit. Faut-il préciser que l'agressivité, loin d'aplanir les difficultés, les exacerbe au contraire ? La personne optant pour une stratégie d'attaque cherche avant tout à impressionner l'adversaire pour lui faire perdre ses moyens. Certains managers ont encore la déplorable habitude de recourir à cette technique qui fonctionne uniquement dans la mesure où elle ne rencontre pas une opposition construite et rationnelle. L'attaquant multiplie gesticulations, éclats de voix et effets grandiloquents. Règle absolue si vous êtes dans la ligne de mire d'un tel individu : laissez passer l'orage, ne vous interposez pas directement et laissez l'attaquant épuiser arguments et énergie. Passez ensuite à l'offensive s'il y a lieu. La meilleure manière de désamorcer l'attaque est d'en montrer à l'intéressé le caractère inopérant. Si vous êtes une femme, souvenez-vous que les hommes ont souvent tendance à manifester leur désapprobation par l'agressivité. Soyez donc diplomate, sans laisser votre interlocuteur manquer aux règles de la courtoisie.
- **La manipulation.** En raison de sa subtilité, elle est beaucoup plus difficile à démasquer. Elle est souvent le fait d'individus calculateurs, réservés, peu démonstratifs dans leurs émotions, avares de confidences. La manipulation peut très bien prendre

les apparences les plus protectrices ou amicales (flatterie, obséquiosité) pour vous amener à dévoiler vos batteries ou simplement délivrer des informations que vous aimeriez garder secrètes. Le jeu favori du manipulateur consiste à prêcher le faux pour savoir le vrai :

– Au fait, il paraît que Luc est sur le départ ?
– Ah bon ? Je ne crois pas car il est tout le temps avec le patron en ce moment, je pense au contraire qu'il va monter en grade.
– Tiens, et ce serait quoi ce nouveau poste ?
– Je n'en sais trop rien mais on m'a dit que…

Les manipulateurs-nés ont le don de faire subir aux autres un véritable scanner mental sans que ceux-ci, bien entendu, n'alimentent le moindre soupçon. Montrez-vous donc vigilant sur la nature des informations que vous voulez – ou ne voulez pas – mettre en circulation dans l'entreprise. L'assertivité ne s'éloigne jamais des règles de prudence.

L'astuce pour démasquer facilement une personne manipulatrice est simple. Observez si cette personne vous écoute avec une attention excessive, vous interroge sans répit, cherche à sonder votre opinion réelle mais sans jamais exprimer la sienne propre. Plus ses questions sont précises et plus ses réponses sont générales, évasives ou, plus subtilement, prétendent échapper au jugement de valeur. Le manipulateur répond couramment par des généralités de ce type : « Tu sais chacun se conduit au mieux de ses propres intérêts… je ne suis pas le mieux placé pour juger de l'attitude de la direction… C'est difficile de se prononcer quand on ne dispose pas de tous les éléments ». Une manière élégante, et imparable, d'éluder les questions embarrassantes.

Après un certain temps de pratique assertive, vous saurez intuitivement faire la différence entre une personne en écoute active bienveillante et un manipulateur qui écoute à seule fin de recueillir indications et informations utiles à ses projets. Dans le même ordre d'idées, si vous pensez être face à une personne manipulatrice, passez au crible les informations qu'elle divulgue. S'agit-il de rumeurs ou de faits effectivement vérifiables ? Quelle est la finalité de ses propos ? Mettre quelqu'un en difficulté ou se ménager vos bonnes grâces en cas de conflit ? S'il est normal de conserver une part de secret sur ses intentions et motivations, il l'est beaucoup moins de ne jamais vouloir émettre d'avis. Or, face à une exigence de décision ou de choix, le manipulateur choisit presque toujours de rester en retrait, de temporiser, bref, de ne pas « se mouiller ». Restez à l'écoute et rapidement les comportements de fuite, d'agressivité ou de manipulation vous apparaîtront pour ce qu'ils sont ; des jeux de pouvoir, parfois dangereux, souvent subtils, dans lesquels il convient en tout cas de ne jamais se laisser enfermer. L'assertivité, à cet égard, doit devenir votre commande opérationnelle. Saisissez-la !

Utiliser le DESC de Bower

Terminons notre tour d'horizon sur la gestion assertive des conflits par une technique unanimement reprise dans les stages et ouvrages consacrés à l'assertivité. Il s'agit du DESC de Bower, un acrostiche qui, par un heureux hasard, reste identique en français et en anglais.

D = *Describe* = Décrire (phase 1)
E = *Express* = Exprimer (phase 2)
S = *Specify* = Spécifier des aspects, des propositions (phase 3)
C = *Consequence* = Évaluation des conséquences (phase 4)

- **Phase 1** : Dans un conflit donné, plutôt que de camper sur vos positions, vous prenez l'initiative de *décrire* à votre interlocuteur *le contenu précis du point de désaccord.* Soyez le plus objectif possible. Exemple : « Je n'ai rien contre toi, je comprends ton goût pour le tabac, mais la fumée dans un bureau donne une odeur désagréable. »
- **Phase 2** : Exprimez ensuite ce que l'attitude de votre collègue suscite en vous comme réactions. Ne vous lancez pas dans d'interminables auto-justifications et confessions mais *exposez votre point de vue personnel.* Exemple : « La fumée me dérange vraiment et m'empêche de me concentrer comme je le voudrais sur mon travail. Je pense que cet argument ne peut pas te laisser indifférent. »
- **Phase 3** : *Présentez* ensuite différentes « spécifications » c'est-à-dire *des propositions constructives pour faire évoluer la situation.* Exemple : « Si tu acceptes de fumer un peu moins dans le

bureau, je serais dans de meilleures dispositions pour déjeuner avec toi plus régulièrement et prendre ainsi le temps de devenir de meilleurs collègues. »

- **Phase 4** : *Montrez les conséquences positives* en cas de résolution effective du conflit. Exemple : « Si tu fais des efforts pour moins enfumer le bureau, tu imagines aisément que je t'accorderais plus volontiers mon aide en cas de surcharge de travail. »

Si vous utilisez une approche de type DESC, songez à mettre clairement en évidence les conséquences positives pour les individus concernés sans donner le sentiment de vous livrer à un marchandage mais plutôt à une négociation. C'est tout l'esprit du modèle DESC. De plus, *soyez réceptif aux propositions et observations de votre interlocuteur* ; elles vous renseigneront sur votre attitude. Par exemple : « Mais tu ne m'avais jamais clairement fait comprendre que la fumée pouvait te gêner à ce point. En fait je pensais que je ne t'étais tout simplement pas sympathique. Du coup, moi aussi j'ai fini par te trouver plutôt hautain(e) et distant(e). »

Bien des conflits, mineurs au départ, avec le temps et le manque de communication, prennent des proportions tout à fait anormales. L'usage du DESC limite efficacement les risques d'escalade dans les conflits interpersonnels.

LA GESTION POSITIVE DES CONFLITS

En résumé, pour parvenir à une gestion positive des conflits, vous devez d'abord apprendre à observer et écouter. Vous pouvez ensuite vous affirmer.

Souvenez-vous toujours de présenter votre point de vue sans jamais donner l'impression de vouloir l'imposer. Vous évitez ainsi de créer des conflits inutiles. Toute manifestation assertive non respectueuse des idées d'autrui est perçue comme une agression. Ne l'oubliez pas et vous vous épargnerez de nombreuses déconvenues.

Pour l'essentiel, résoudre les conflits de personnes dépend largement de votre décision de fonctionner en mode assertif.

4 Gérez votre assertivité spatiale

Qu'est-ce que l'assertivité spatiale ?

Par leurs spéculations et leurs réflexions, les grands philosophes (*cf.* Kant ou Bergson) ont montré que l'intuition par la pensée de l'espace et du temps reste largement un mystère de la conscience. De leur côté, et avec des outils et des méthodes bien sûr différents, les scientifiques contemporains s'interrogent sur la nature exacte du fameux continuum espace-temps (*cf.* la théorie de la relativité ou des quanta). Mais, malgré les millions de connaissances, de réflexions et d'expériences accumulées au long des siècles, les recherches sur le rapport entre la pensée et l'espace/temps en sont pratiquement aux prémices !

Autant dire que les techniques que nous allons évoquer dans ce court chapitre n'ont aucune prétention scientifique ou même parascientifique. Ces techniques sont toutes empiriques : elles proviennent d'expériences, d'observations, de réflexions tirées de plusieurs modélisations en psychologie personnelle (principalement sophrologie et PNL).

L'objectif est double : d'une part, insister sur l'étrange interaction entre état de conscience et perception de l'espace, d'autre part, présenter quelques exercices simples pour gérer l'espace de manière assertive.

Posons ce double principe de départ :

- *maîtriser sa gestuelle* c'est-à-dire ses mouvements dans l'espace équivaut à gagner une maîtrise progressive de cet espace ;
- *maîtriser la pensée* facilite la maîtrise gestuelle et, in fine, un contrôle au moins relatif de l'espace ambiant.

La pratique de ce que l'on pourrait appeler, faute d'un meilleur terme, l'assertivité spatiale, s'appuie sur l'intuition plus que sur l'usage de la pensée rationnelle. Peut-être avez-vous constaté que d'instinct (là encore faute d'un terme plus adapté) certains individus savent faire évoluer leur corps dans l'espace ; ils donnent l'impression de comprendre et maîtriser leur schéma corporel. En particulier, ils sont en mesure soit de le mettre en évidence soit au contraire si nécessaire, en retrait. Parfois au sens propre car Napoléon, dit-on, avait l'étrange faculté de déterminer à quel moment faire soudain un pas de côté, évitant ainsi le point d'impact d'un boulet de canon. Difficile d'expliquer comment le cerveau de l'empereur pouvait, en quelques secondes, se représenter la configuration du champ de bataille avec assez de précision pour évaluer la nature et la provenance d'un danger potentiel et, bien sûr, prendre immédiatement les dispositions nécessaires pour se mettre en sécurité.

Il va sans dire que pour cultiver la capacité de gérer l'espace, la pratique de l'art théâtral fournit un avantage considérable. Par un entraînement régulier – car il s'agit bien d'une forme d'entraînement , le comédien apprend peu à peu à placer sa voix mais aussi ses gestes, bref à utiliser son apparence physique afin d'induire des modifications dans l'état de conscience des spectateurs (effets dramatiques ou au contraire comiques...). C'est exactement le but de l'assertivité spatiale. Car, apprendre à mettre en scène son corps dans l'espace amplifie la portée des actions assertives sur les autres.

Ce qui modifie notre perception de l'espace

Rares sont les personnes totalement insensibles à l'influence des lieux (taille, disposition des objets dans l'espace, couleurs, luminosité, odeurs...). De simples différences d'éclairage suffisent à rendre un lieu attractif ou inquiétant, pour ne rien dire du choix des revêtements de sols et murs. L'aménagement de bureau tend d'ailleurs à devenir une véritable science du mieux-vivre en entreprise. Au point de susciter de véritables querelles d'écoles : les plateaux en *open space* favorisent-ils les échanges et la créativité de groupe ou bien doit-on leur préférer une juxtaposition d'espaces réduits, sans doute moins conviviaux mais plus propices à la concentration ?

Ces questions, chères aux sociologues et autres psychologues du travail, traduisent l'incidence directe de l'organisation de l'espace sur l'état de conscience et le moral des hommes et des femmes. Un bureau peut être perçu comme déprimant ou au contraire rassurant. Il peut favoriser l'assertivité ou bien la rendre plus difficile. Bref, chacun de nous, au domicile comme au bureau, ressent la réalité d'une réelle interaction entre les lieux que nous occupons (l'espace) et notre état d'esprit (la pensée). Insistons : ces perceptions, si elles relèvent davantage de l'intuition que de l'analyse n'en exercent pas moins une influence réelle sur les individus.

D'où cette série de conseils encore une fois purement empiriques. Ils sont tous destinés à vous initier à la gestion assertive de l'espace. S'il ne faut pas exagérer leur portée pratique, ces techniques vont néanmoins vous fournir une aide dont il serait dommage de se priver.

1. Même si vous êtes dans votre bon droit, évitez impérativement de vous lancer dans une critique ou une polémique avec un ou plusieurs individus dans l'espace cafétéria – ou pause-cigarette – de votre entreprise. Ces espaces, souvent réduits au maximum, sont réservés spécifiquement à la détente. Consciemment ou non, *on pardonne difficilement à celui qui, par son attitude, transforme un lieu de convivialité en lieu de conflit.* Un havre de paix, surtout en milieu difficile, doit rester une sorte de sanctuaire.
2. De même, évitez altercations ou actes assertifs trop prononcés dans les couloirs et autres halls d'accueil d'un bâtiment public ou d'une entreprise. Ces lieux sont autant d'espaces neutres, impersonnels c'est-à-dire réservés au libre passage des individus. *Toute entrave à la circulation, au propre comme au figuré, est immédiatement perçue comme une tentative de prise de contrôle sur une zone neutre.* Seule exception toutefois : opérez dans le hall

d'accueil uniquement si vous souhaitez délibérément et consciemment impliquer le plus grand nombre possible de membres de l'entreprise. À cet égard, le cas type est celui des délégués syndicaux qui distribuent des tracts à l'heure du déjeuner afin de toucher le maximum de monde dans le minimum de temps tout en provoquant de sérieuses modifications dans l'état de conscience du groupe (« Pourquoi cette distribution de tracts ? Il doit se tramer quelque chose de pas net au niveau de la direction »). Ce qui, en soi, vous en conviendrez, constitue une forme particulièrement efficace de gestion assertive de l'espace !

3. *Évaluez d'abord le lieu où vous vous trouvez avant de passer en phase assertive.* Avoir une franche explication avec un collègue dans un bureau déjà occupé revient, indirectement, à prendre l'assistance à témoin. Est-ce vraiment ce que vous souhaitez ? Réfléchissez à ces aspects et à leurs conséquences avant de prendre la parole.
4. Sans être un élément déterminant, la qualité de la lumière dans une pièce (naturelle ou artificielle) favorise ou limite l'assertivité. Concrètement, un endroit petit et relativement peu éclairé facilite le ton de la confidence et la réflexion en petit comité. Une conduite tonitruante serait totalement déplacée dans un endroit confiné. *Au travers de mon expérience professionnelle, j'ai souvent constaté à quel point le lieu pouvait influer sur la qualité des échanges.* Dans la pratique, aujourd'hui encore, quand je cherche à avoir un entretien approfondi avec un interlocuteur donné (souvent un chef d'entreprise), je propose toujours une rencontre au bar ou dans les salons privés d'un grand hôtel parisien. Les lambris, les éclairages non agressifs et les fauteuils profonds garantissent une atmosphère favorable aux échanges d'information. À l'inverse, quand je reçois quelqu'un au bureau je me limite à une première prise de contact (évaluation des intérêts et affinités réciproques…). Comme de nombreux individus, je travaille dans des espaces à l'intimité et au silence très relatifs ! Prolonger des échanges, surtout s'ils se révèlent prometteurs, dans un lieu trop prosaïque, est peu valorisant pour un visiteur. Le plus souvent, j'aborde la question directement : « Écoutez, tout ceci est vraiment pas-

sionnant. C'est pourquoi je vous propose d'en reparler très prochainement. Mais dans un lieu plus agréable. Je connais un endroit sympathique et facilement accessible où nous ne serons pas dérangés pour discuter. » Bien souvent, cette marque de considération suffit à jeter les bases d'échanges interpersonnels enrichissants. Après tout, chacun d'entre nous n'aimerait-il pas s'entendre dire que ses propos, pour être appréciés à leur juste valeur, nécessitent d'être proférés dans un lieu mûrement choisi et certainement pas dans le premier bureau venu ? Bref, ne vous privez pas d'une procédure aussi simple qu'efficace. La qualité du contenu de votre carnet d'adresses en sera transformée.

5. Si cela vous est possible, *réservez vos prises de position en mode assertif face à des groupes aux salles de réunion.* Souvent, celles-ci offrent à la fois taille et clarté (présence de larges baies vitrées par exemple). Mais surtout, symboliquement, la salle de réunion est un espace explicitement consacré aux échanges sincères et aux prises de positions nettes. Avant d'en franchir le seuil, chacun sait parfaitement à quoi s'en tenir car, en principe, un ordre du jour est remis à chaque participant. Profitez à plein de cet atout pour mettre en action vos talents assertifs car, pour une durée donnée, vous êtes en présence d'un public mentalement disponible. Dans ce lieu, vous pouvez accompagner vos paroles de gestes assez amples ou, si vous avez une âme de pédagogue, de démonstrations sur un tableau ou un paper board. Sans tomber dans l'exagération, bien sûr. Mais, ce qui représente un handicap dans un espace exigu devient une nécessité dans un lieu de grande taille. Ainsi, parler en restant immobile dans une pièce à la fois grande et bien éclairée produit sur l'auditoire une désagréable impression de manque d'assurance ou de conviction. Nous reviendrons sur ce point quand nous évoquerons les règles élémentaires de prise de parole en public. Les espaces statiques (bureaux, salles de réunion…) affectent positivement ou non la conduite assertive.

Reste maintenant à considérer un outil de communication qui, plus que l'ordinateur ou la télécopie, modifie notre rapport à l'espace et au temps. Cet outil affecte l'assertivité spatiale dans la mesure où il constitue une irruption permanente de l'espace extérieur dans l'espace personnel (au domicile, au bureau et aujourd'hui dans tous les modes de transport). Nous voulons bien sûr parler du téléphone. Ce moyen de communication transforme profondément notre représentation mentale et psychologique de l'espace et du temps. Raison pour laquelle, même s'il ne se rapporte pas directement à l'assertivité, il est utile de s'y arrêter un instant.

Le téléphone, un espace/temps subi

En soi, le téléphone (essentiellement en contexte professionnel) est un objet anxiogène : il concentre simultanément et souvent à l'excès l'espace et le temps (on peut recevoir en quelques minutes des appels en provenance du monde entier). Mais surtout, il est un sas obligatoire entre plusieurs espaces (deux collègues n'ayant aucune affinité et ne travaillant pas dans le même bureau sont parfois contraints à des échanges téléphoniques).

Très souvent, le téléphone est vécu comme une intrusion dans l'espace personnel et cette intrusion, dans bien des cas, tend à court-circuiter notre assertivité. En effet, de multiples informations envoyées en temps réel et non réclamées explicitement provoquent des modifications incessantes dans nos plans et choix assertifs. Par exemple, une décision prise est remise en cause par une information de dernière minute, elle-même rendue obsolète un peu plus tard par un nouvel élément encore plus déterminant. Le processus est sans fin… et les informations recueillies pas toujours indispensables à notre action.

Le téléphone portable – quand son usage est imposé à titre professionnel ou privé – accentue encore le phénomène de dépossession de l'espace personnel. Admettons que lorsque retentit la sonnerie du téléphone, fixe ou mobile, surgissent souvent en nous des pensées de cette nature :

– Mais qu'est-ce qu'on me veut encore ?
– Je ne peux pas travailler avec ce téléphone qui sonne sans arrêt !
– Je vais rentrer travailler chez moi car au bureau, avec ce satané téléphone, il n'y a pas moyen de se concentrer.

L'irruption ininterrompue et anarchique du monde extérieur dans notre espace personnel est vécue à la longue comme une agression sourde, diffuse, mais terriblement éprouvante pour l'équilibre intérieur. Au point que plusieurs études en psychologie du travail indiquent que beaucoup de cadres hypersollicités filtrent leurs appels grâce à leur boîte vocale, exactement comme beaucoup de gens le font à domicile avec leur répondeur. Chacun protège comme il peut son espace privé des perturbations du monde extérieur.

Parallèlement, j'ai eu l'occasion de constater, dans plusieurs entreprises, l'incidence directe du téléphone sur l'appréciation réciproque des personnes. L'exemple caractéristique est le suivant : «Jean-Luc est vraiment un chouette collègue mais, chaque fois qu'il décroche son téléphone pour recevoir ou donner un appel, nous passons un moment pénible. Il parle beaucoup trop fort. Il y a en permanence cinq téléphones dans notre bureau, songez à ce qui se passerait si chacun de nous ne se disciplinait pas un peu !»

Bien sûr, ses collègues savent faire la part des choses et passer outre ce petit inconfort. Il n'empêche qu'avec le temps, ce défaut est vite perçu comme une véritable nuisance. Jean-Luc envahit ainsi, sans en avoir conscience, l'espace de ses collègues.

Le cas du téléphone illustre à quel point la maîtrise de l'espace physique et psychique devient cruciale pour l'homme et la femme modernes. Cette revendication du respect de l'espace personnel est d'autant plus vive que la vie urbaine tend à limiter les espaces privés vraiment inexpugnables.

De tout ceci retenez que dans votre pratique assertive il vous faudra impérativement tenir compte des nombreuses contraintes liées à l'espace téléphonique. À moins de débrancher ordinateurs et lignes téléphoniques, il ne suffit plus de transformer son bureau ou son appartement en camp retranché pour être maître de son espace ! Cependant, l'envahissement de la sphère privée par l'espace téléphonique n'a rien d'une fatalité. Lui aussi, vous pouvez apprendre à le contrôler, au moins en partie. Après tout, savoir couper son portable le temps d'un dîner entre amis est un acte authentiquement assertif et une marque de respect de plus en plus appréciée !

L'assertivité personnelle dans les espaces dématérialisés

Si le téléphone contribue dans une large mesure à dématérialiser le temps et l'espace, de plus en plus d'entreprises poussent cette logique plus loin. Avec d'importantes conséquences au niveau de l'assertivité spatiale. Dans la mesure où l'espace est à la fois rare et cher, beaucoup d'entreprises louent ou sous-louent leurs espaces de bureau pour quelques heures par jour ou par semaine en fonction de leur configuration du moment. Le phénomène est particulièrement vrai dans les sociétés de service où les flux d'activité obligent les chefs d'entreprises à fonctionner avec des périmètres à géométrie variable (locaux, personnel et même nature des missions et interventions). À cet égard, le cas le plus spectaculaire est celui de cabinet de conseil et management Andersen Consulting, qui a modelé son siège parisien sur le principe de l'hôtel. Du directeur associé au consultant, chaque collaborateur ne dispose plus d'un espace fixe mais doit au contraire le retenir à l'avance, suivant un planning très étudié. Ce partage démocratique de l'espace oblige chacun à s'affirmer selon des codes nouveaux puisque la simple présence permanente in situ n'est plus un atout mais au contraire un signe de non adaptabilité ! Bref, la zone de pouvoir physique est donc réduite au maximum et nul ne peut compter sur une stratégie d'occupation de l'espace pour affirmer son pouvoir. Songez que dans les années à venir vous serez probablement confronté(e) à des configurations bureautiques du type Andersen Consulting.

Dans des conditions aussi radicales comment exercer assertivement sa zone de pouvoir ?

L'idée gagnante consiste à construire un espace intérieur que vous transportez partout et toujours avec vous. Cet espace intérieur doit être fait de confiance, d'esprit d'indépendance et d'autonomie. En d'autres termes, vous pouvez décider de faire de chaque lieu où vous vous trouvez, un lieu d'affirmation personnelle. Si vous parvenez à vous placer dans les dispositions d'esprit requises, vous exprimer dans un espace ouvert ou au contraire réduit, en grand groupe ou au contraire en petit comité n'est plus un obstacle mais un atout. Songez que beaucoup de personnes se trouvent totalement déstabilisées si on leur retire leurs repères spatiaux. Bien entendu, les personnes qui ont appris à s'appuyer sur leur propre structure intérieure sont mille fois mieux armées pour tirer leur épingle du jeu. À vous de décider de devenir cette personne. C'est parfaitement possible.

Dans cette optique, apprenez, par exemple, à vous passer de vos objets fétiches placés à dessein dans votre espace de travail. En eux-mêmes ces différents points d'ancrage ne sont ni bon ni mauvais. Si vous avez la possibilité de les utiliser faites-le, mais assurez-vous de ne pas être affecté(e) si pour une raison ou une autre il ne vous est plus possible d'y avoir recours. Dans un jeu de mots, nous dirons qu'il faut prendre l'habitude de ne plus avoir d'habitudes ! *Cette aptitude à vous passer d'un certain « confort » extérieur développera en vous une grande force intérieure que les autres ne tarderont pas à ressentir.* Pour vous aider à intégrer cette variable du changement, étudiez cette liste d'événements tant objectifs que subjectifs auxquels vous avez certainement déjà eu à faire face au cours de votre vie professionnelle.

- changement de lieu de travail ;
- réorganisation de l'espace de bureau ;
- changement de bureau à l'intérieur d'une même entreprise ;
- rachat de l'entreprise par un concurrent ;
- rumeurs de licenciement ;
- arrivée ou départ de collègues ;
- arrivée d'une nouvelle génération d'ordinateur nécessitant une nouvelle formation ;
- acquisition d'une nouvelle langue ;
- gestion parfois difficile des espaces fumeurs et non fumeurs ;
- arrivée et départ de stagiaires ;
- changement dans l'orientation stratégique de l'entreprise (nouveaux produits ou systèmes de management) ;
- gestion quotidienne du stress.

Remarque : Cette liste loin d'être exhaustive devrait vous avoir convaincu(e) d'intégrer au plus vite l'adaptation au changement à l'intérieur de l'entreprise (depuis l'organisation des espaces physiques jusqu'au climat psychologique distillé par les instances dirigeantes).

Votre espace professionnel à domicile

Il se peut également que la nature de votre travail vous conduise à créer à domicile votre propre espace de travail. Là encore, certaines règles assertives sont de mise. Sous peine de tensions psychologiques ou affectives avec les autres membres de la famille. Les enfants, en particulier, peuvent ne pas comprendre que leur père leur interdise l'accès à sa zone de travail. Se sentant rejetés physiquement, ceux-ci trouveront peut-être grâce au bruit et à la musique une autre façon de pénétrer dans l'espace professionnel et personnel de leur père. Dans cette situation comme dans les autres en général, pour faire face aux conflits latents, il faut adopter une ligne de conduite pédagogique. Concrètement, des enfants peuvent parfaitement comprendre qu'une partie du domicile soit réservée à l'adulte. À condition que l'adulte en question sache expliquer sans imposer.

Savoir choisir ses distances

Le problème de la construction et de la gestion de l'espace (statique avec les locaux et bâtiments ou dynamique avec les moyens de communication modernes) devient capitale pour la majorité des individus. C'est pourquoi *soyez constamment attentif au respect de l'espace personnel d'autrui.* Plus vous marquerez votre considération de l'espace de chacun et plus vous serez considéré en retour. Bref, l'assertivité ne vous autorise pas à laisser de côté les règles élémentaires de la courtoisie. Bien au contraire.

Les enseignements de la proxémie

Dans ses travaux, Edward T. Hall a cherché à formaliser le concept de *proxémie,* c'est-à-dire la façon dont les êtres humains intègrent la gestion de l'espace personnel dans les rapports sociaux. Les observations de Hall, largement reprises en psychologie de la communication, trouvent une application évidente dans l'assertivité spatiale.

En particulier, Hall met bien en évidence le fait que la qualité de la communication interpersonnelle est partiellement fonction de la distance qui sépare deux ou plusieurs personnes. C'est pourquoi, il distingue quatre zones de contact social.

– *l'espace intime* (de 0 à 40 cm) : cette distance est par excellence celle de l'intimité et de la proximité ne serait-ce que par la possibilité d'avoir des perceptions olfactives ;

– *l'espace personnel* (de 40 cm à 1m20) : dans cet espace il est encore possible de toucher physiquement quelqu'un, ce qui, au niveau symbolique, signifie une possibilité de contact rapproché, d'échange privilégié et personnalisé ;
– *l'espace social* (de 1m20 à 3m50) : c'est l'espace dans lequel nous évoluons le plus souvent, tout spécialement au bureau ; cette zone marque la limite des échanges interpersonnels, en effet, à partir de 3 mètres, il devient relativement difficile de poursuivre une conversation normale (bruits extérieurs, présence perturbatrice de personnes extérieures au groupe...) ;
– *l'espace public* (3m50 et au-delà) : par la force des choses cet espace est neutre et impersonnel puisqu'il devient pratiquement impossible de nouer et entretenir des conversations d'ordre privé. Cet espace correspond aux lieux anonymes évoqués plus haut (couloirs de circulation, halls d'accueil, parkings, rues...).

C'est principalement dans l'espace social que vous pouvez exercer votre assertivité (réunions de travail, conversations avec plusieurs collègues, groupes d'amis ou de proches...). En-dessous, vous devez moduler votre intensité assertive (volume de votre voix, amplitude des gestes) sous peine de donner à votre interlocuteur l'impression que vous voulez envahir son espace personnel et imposer votre point de vue. D'une façon générale, observez dans quelles zones se déroulent vos contacts sociaux. Et adaptez votre gestuelle en conséquence.

De la gestion de l'espace à la communication non verbale

Faute d'observer la manière dont les autres occupent leur espace (types de zones occupées le plus souvent, comportement global, gestuelle...), nous passons à côté d'informations utiles et commettons quantité d'erreurs parfaitement évitables. C'est tout l'enjeu de l'apprentissage des bases de la communication non verbale. Bien évidemment, cette observation de notre entourage doit débuter par une auto-observation sans complaisance. Car nos gestes, tics, mouvements volontaires et involontaires constituent un faisceau de signes très révélateurs de notre état de conscience réel. En fait, *par notre attitude physique, nous émettons de multiples signaux dans l'espace que nous occupons.* Heureusement pour nous, la plupart du temps, notre entourage est incapable de passer à la phase d'analyse de ces signaux. Mais sachez bien que les autres ne sont pas aveugles pour autant ! Par exemple, proclamer être serein quand notre voix se met à siffler désagréablement traduit un manque de cohérence entre nos déclarations verbales et notre attitude visible, laquelle ne trompe personne. En fait, si nous ne sommes pas tant soit peu entraînés dans l'art de la maîtrise personnelle, plus nous cherchons à camoufler une émotion et plus les autres l'identifient parfaitement.

Il en va de l'ébriété de paroles comme de l'ébriété de gestes, avec les conséquences qu'on peut imaginer sur le plan de l'assertivité. L'exemple à éviter absolument est celui de la personne qui pense rendre son argumentation plus efficace parce qu'elle l'accompagne de multiples gesticulations et éclats de voix. C'est évidemment tout le contraire qui se produit. Face à un tel comportement, les individus ressentent une gêne, presque physique, au point de tout faire pour quitter les lieux. Nous sommes alors loin de la communication en mode assertif.

C'est pourquoi, afin d'augmenter la qualité de votre assertivité, spatiale ou non, décidez de gagner la maîtrise progressive de votre gestuelle. Dans cette optique, soyez très attentif aux manifestations suivantes :

- recours excessif aux mimiques ;
- emploi d'un langage trop imagé ou expressif qui peut intimider ou mettre mal à l'aise les personnalités réservées ;
- éclats de voix ou de rire trop fréquents ;
- tics trahissant une agitation intérieure.

En soi, ces comportements n'ont rien de condamnable. Mais dans la pratique de l'affirmation de soi, tous représentent de sérieuses entraves. Veillez à assurer une cohérence maximale entre votre communication verbale (propos assertifs par exemple) et votre communication non verbale (garder une attitude déterminée mais sereine). Pas question cependant d'inhiber toute manifestation de spontanéité. À vous de savoir rester maître de… l'excès de maîtrise.

Vos zones de pouvoir

Si E.T. Hall a défini avec précision les zones de proxémie vous devez, quant à vous, déterminer vos zones de pouvoir. Chaque espace, privé ou public en comporte au moins une. Le modeste emplacement de votre chat sous le radiateur de la cuisine est, pour lui, une zone de pouvoir privilégiée. Il s'y replie pour se reposer, marquer son désintérêt ou sa désapprobation. D'ailleurs, l'absence prolongée d'un animal familier de sa zone personnelle constitue en soi une alerte. Sans faire d'anthropomorphisme, il en va un peu de même pour les êtres humains.

Dans une entreprise, les différentes zones de pouvoir sont évidemment les bureaux et les salles de réunion.

Un lieu peut devenir un puissant auxiliaire à l'assertivité. Il constitue un ancrage dans l'espace à l'intérieur duquel, vous pouvez – et devez – organiser votre communication. Mais là aussi, pour opérer efficacement, il vous faudra observer certaines règles strictes.

1. Dans le souci, conscient ou non, de baliser leur territoire, beaucoup d'individus multiplient à l'excès les marqueurs psychosociaux. Sans émettre aucun jugement de valeur, dans de nombreuses entreprises, on trouve aujourd'hui encore, des bureaux encombrés de photos, cartes postales, affiches, dessins enfantins ou humoristiques, bibelots, gadgets, plantes et décorations diverses. *Un étalage trop appuyé de ses goûts et centres d'intérêt risque de produire un effet repoussoir sur l'entourage.* Le phénomène est encore plus vrai en *open space* où chacun doit, pour le confort de tous, respecter une certaine neutralité. Autre aspect, tout aussi important : une mise en scène trop personnalisée de l'espace bureau, même s'il vous est spécifiquement attribué, équivaut à se dévoiler inutilement. L'assertivité ne consiste certainement pas à afficher des professions de foi sur les cloisons de votre bureau !
2. Si, par exemple, vous êtes manager et que vous ayez de vives critiques à adresser à l'un de vos collaborateurs, convoquez-le tout d'abord dans votre bureau. Cet acte un peu solennel offre plusieurs avantages appréciables. Premièrement, vous ne courez pas le risque de vous exprimer sous l'emprise de la colère et de regretter ensuite certaines paroles. Deuxièmement, vous évitez de susciter, par votre maladresse, une hostilité chez votre collaborateur (on sort toujours mortifié d'une attaque en public). Troisièmement, vous montrez à votre entourage profes-

sionnel que votre bureau est un attribut essentiel à votre fonction, un endroit où il se dit des choses importantes et où sont prises des décisions concrètes. *Ce faisant, vous transformez votre bureau en authentique zone de pouvoir à l'intérieur de l'entreprise.* C'est là une façon concrète de donner champ et puissance à votre assertivité spatiale.

3. Dans les salles de réunion, les participants tendent à se placer toujours aux mêmes endroits. Cette attitude traduit le désir de chacun de marquer son territoire en faisant comprendre aux autres que, *même dans une salle de réunion, l'espace n'est pas neutre mais organisé en zones de pouvoir.* Le cas le plus évident d'ancrage spatial est celui de la personne qui, en occupant systématiquement le même endroit, cherche à se replacer dans des conditions psychologiques bien précises. Par exemple, le cadre qui a su capter l'attention générale au cours d'une importante réunion tentera instinctivement de s'asseoir au même endroit dans l'espoir de renouveler l'expérience. Si le siège convoité est déjà occupé, il ressentira un sentiment diffus de gêne.

Vos ancrages spatiaux

Prenez maintenant le temps de remplir attentivement le court questionnaire d'auto-évaluation qui suit afin de découvrir si vous possédez déjà des points d'ancrage dans l'espace.

Toutes les questions concernent en priorité la gestion de l'espace en milieu professionnel.

	oui	non
1. D'une manière générale, êtes-vous sensible à l'atmosphère de certains endroits ?	❑	❑
2. Avez-vous eu l'occasion de constater chez les autres des différences de comportement selon les lieux occupés ?	❑	❑
3. Concevez-vous l'espace que vous occupez dans l'entreprise comme un centre de pouvoir à partir duquel vous pouvez développer votre action ?	❑	❑

☞

☞

4. Uniquement si vous disposez d'un bureau privatif. Vous arrive-t-il d'y organiser des réunions, même si la salle de réunion est libre ? ❑ ❑

5. Avez-vous déjà personnellement remarqué qu'occuper un lieu déterminé vous permettait d'auto-induire facilement un état mental spécifique ? ❑ ❑

Commentaire de l'auto-évaluation : Bien évidemment, si vous avez répondu par l'affirmative à la cinquième question vous maîtrisez déjà partiellement l'assertivité spatiale. Plus précisément, vous avez intégré dans votre expérience l'effet d'interaction entre perception de l'espace et état de conscience. Il ne vous reste plus qu'à pousser plus loin vos aptitudes.

Si vous avez répondu oui à la question 4, dites-vous bien qu'une telle attitude est potentiellement dangereuse, à plus d'un titre. Premièrement, sans le dire clairement, vous faites comprendre à votre entourage que vous ne voulez pas vous confronter à eux en terrain neutre (*cf.* la salle de réunion où l'influence est partagée entre les différents participants). Deuxièmement, par ce comportement, vous dévoilez en fait un manque de confiance personnelle. Troisièmement, vouloir rassembler régulièrement son équipe dans son bureau marque une volonté d'emprise à laquelle chacun cherchera à échapper. Les réunions dans votre bureau doivent impérativement et exclusivement être réservées à des communications exceptionnelles (annonce d'une décision cruciale, examen en groupe d'un problème grave...). Dans ce cas précis, vos collaborateurs vous sauront gré de votre tact et de votre souhait de les mettre dans le secret des dieux. Loin de vous affaiblir, ce comportement vous gagnera la sympathie de votre équipe.

Une fois assimilé le processus de l'ancrage spatial, procédez de la manière suivante.

1. Choisissez un certain nombre de lieux que vous allez utiliser comme points d'ancrage pour votre action assertive. Par exemple, beaucoup de managers, quand ils ont une communi-

cation importante à faire à quelqu'un, se placent à un endroit particulier de leur bureau. Ils gagnent la fenêtre ou viennent se poster derrière leur fauteuil, etc. Conseil : ne faites pas de ces pratiques des tics comportementaux que les autres puissent repérer et interpréter. En clair, ne multipliez pas vos zones d'affirmation personnelle afin d'accroître le pouvoir de chacune d'entre elles. Ainsi, faites en sorte de limiter à deux tout au plus, les endroits que vous réservez à l'annonce ou à l'échange d'informations capitales. Pour des raisons pratiques, vous pouvez choisir des lieux extérieurs à l'entreprise (le plus souvent, cafés et restaurants).

2. Dédiez chaque lieu sélectionné à une action assertive précise. Là encore, un conseil pratique : ne faites pas comme trop de chefs de service qui transforment, sans s'en rendre compte, leur bureau en purgatoire ! Si vous réservez les critiques et autres explications entre quatre yeux à votre bureau ne soyez pas étonné, ensuite, si vos collaborateurs font tout pour éviter d'y pénétrer. Votre bureau risque alors de devenir un ancrage négatif pour toute votre équipe. Si tout ceci vous paraît évident, tant mieux ! Pourtant, beaucoup de personnes sont déstabilisées à la seule idée de devoir se rendre dans le bureau du patron ou du chef.

GÉREZ VOTRE ASSERTIVITÉ SPATIALE

En résumé, l'assertivité, pour déployer toute son efficacité, doit être globale.

Elle ne se limite pas à l'acquisition de principes théoriques, néanmoins indispensables, mais intègre également la dimension spatiale, bref, physique, alors que trop souvent les spécialistes se limitent à une approche intellectuelle de l'assertivité. Retenez donc que l'affirmation de soi dans l'espace ambiant implique plusieurs procédures précises :

- l'usage de la proxémie ;
- la maîtrise de la gestuelle ;
- la transformation de certains lieux en zones de pouvoir assertif ;
- une autonomie intérieure patiemment cultivée et entretenue face à des changements extérieurs toujours plus nombreux et profonds.

5 L'affirmation de l'affirmation

Utilité de l'imprégnation mentale

L'affirmation de l'affirmation... Ce jeu de mots a une signification simple ; comme n'importe quelle méthode de développement personnel, le niveau d'assertivité d'un individu peut être amplifié par l'emploi de la technique des affirmations.

Une affirmation est une phrase intentionnellement créée pour maintenir la pensée dans une direction précise. Comme son nom l'indique, une affirmation est avant tout une formule positive généralement travaillée sous trois modalités :

– par répétition verbale ;
– par répétition écrite ;
– par visualisation.

Toute affirmation a pour finalité d'induire chez celui qui l'utilise une véritable programmation (ou imprégnation mentale) de la pensée. Cette pratique n'a rien de récent ; une prière est une forme d'imprégnation émotionnelle, intellectuelle et spirituelle, la répétition d'aphorismes ou versets tirés d'un bréviaire également.

Écoutez la petite voix

Comme toutes les techniques psychologiques, la programmation mentale peut agir pour ou contre vous. Souvenez-vous qu'il existe en chacun de nous une petite voix que nous entendons chaque jour sans vraiment y prêter attention. Elle aussi peut jouer pour ou contre nous.

En voici un exemple. Vous avez mal rattrapé votre tasse de café et son contenu s'est répandu sur votre beau tapis persan. Intervient alors une petite voix qui vous traite d'imbécile et autres noms d'oiseaux.

Autre exemple : vous avez un rendez-vous d'embauche. Vous êtes tiré(e) à quatre épingles, avez pris un solide petit déjeuner, bref, vous êtes dans les meilleures conditions. Au moment d'entrer dans la pièce où a lieu votre rendez-vous, une petite voix dans votre tête se met à débiter des phrases assez décourageantes : « Tu verras, ça ne va pas marcher… personne ne retiendra ta candidature. » Cette voix intérieure (que certains spécialistes nomment « l'auto-dialogue ») agit de façon pernicieuse sur nos bonnes résolutions et notre détermination. Pour opérer un véritable changement, c'est-à-dire une prise de contrôle de cette voix, *il faut que chaque élément de votre mental travaille à l'unisson de tous les autres.* Certes, vous avez consciemment décidé d'évoluer sur le chemin de l'affirmation de soi, mais qu'en est-il au niveau de votre subconscient ? Accepteriez-vous d'écouter votre émission de radio préférée si des messages indésirables (parasites, bruits de fond) vous empêchaient d'en entendre la moitié ? Le but, vous l'avez compris, est de ne plus perdre d'énergie à pratiquer l'auto-dénigrement et à laisser l'auto-dialogue supplanter votre volonté consciente. Il en va de même avec les images mentales. L'imagination peut aller en sens inverse de vos objectifs.

Pour agir, pratiquez ce petit exercice qui consiste à isoler votre voix intérieure. Concrètement, observez quand et comment le processus s'enclenche (une situation potentiellement conflictuelle déclenche l'auto-dénigrement). Aidez-vous grâce au schéma ci-contre.

Ces deux exemples devraient vous avoir montré l'importance d'une imprégnation mentale positive. L'auto-dénigrement n'a rien à voir avec les auto-critiques constructives lesquelles nous servent évidemment à évoluer. Ce que vous devez débusquer dans votre conscience, ce sont les étiquettes dévalorisantes et les messages limitants sans aucune utilité pratique. Les techniques présentées dans ce chapitre vont vous donner les moyens de surmonter les effets néfastes de l'auto-dialogue.

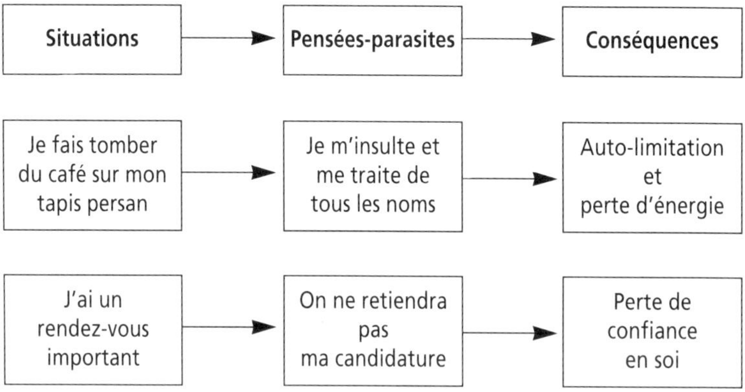

Une psychologie plusieurs fois millénaire

Les techniques d'imprégnation mentale n'ont rien de récent. Depuis plus de 28 siècles, l'Orient a multiplié – les upanishads indiennes en témoignent – les techniques de contrôle du corps et de l'esprit. Pas une méthode contemporaine de développement personnel qui ne s'inspire, directement ou non, des systèmes de yogas. Relaxologie, sophrologie, programmation neurolinguistique, pensée positive, visualisation, rebirth-thérapie, etc. mettent à contribution un héritage philosophique et psychologique plusieurs fois millénaire. L'assertivité ne fait pas exception à la règle (*cf.* jeux de rôles, entraînement mental, maîtrise personnelle).

La force de la répétition

Les techniques d'imprégnation font toutes appel à un principe unique : la force de la répétition. Mais à partir de ce postulat, deux écoles s'affrontent dont vous devez savoir quelques mots afin de tirer le meilleur parti de vos futurs exercices. D'une part, l'autosuggestion, popularisée par Émile Coué, d'autre part l'imprégnation mentale dont Paul-C. Jagot fut, dans notre pays, l'un des meilleurs propagandistes. Illustre et controversé, Émile Coué, et sa méthode éponyme, considère que la répétition d'une formule (*cf.* la fameuse formule : « Tous les jours, à tous les points de vue, je vais de mieux en mieux ») est efficace à deux conditions :

- la répétition doit être opérée à voix mi-basse, sur un ton monocorde et rapide, un peu à la manière d'un hypnotiseur cherchant à capter l'attention de son patient ;
- mais surtout, le pratiquant doit répéter sa formule sans réfléchir à son contenu.

À tort ou à raison, Émile Coué pense qu'une répétition mécanique agit directement sur le subconscient et finit, le temps aidant, par y laisser une empreinte. Vient alors le moment, où le subconscient, littéralement saturé de répétitions verbales, programme en quelque sorte la psyché dans le sens désiré. C'est alors la phase d'intégration de l'autosuggestion.

De son côté, Paul-C. Jagot, propose une attitude diamétralement opposée. La phrase mûrement choisie. Par exemple : « Je m'affirme facilement en toutes circonstances » doit être répétée :

1. de préférence le soir au coucher ;
2. à mi-voix, après s'être placé, au préalable, en état de relaxation ;
3. en se concentrant sur la signification de la formule, c'est-à-dire en imaginant le résultat souhaité.

Une étude approfondie des différentes théories associées à une pratique de plusieurs années m'a définitivement rallié à l'imprégnation mentale consciente. C'est donc selon une approche type Jagot que je vous propose de travailler.

La technique à utiliser

Quelques minutes de pratique quotidienne suffisent généralement à programmer positivement la pensée. Mais comment devez-vous procéder concrètement ?

Première étape : *créez une phrase-symbole sur l'assertivité* (que vous allez travailler durant plusieurs semaines).

Imaginez que votre plus grande difficulté soit d'exprimer clairement vos opinions et points de vue dans une réunion de travail. Dans ce cas de figure, votre phrase d'imprégnation doit inclure cette situation conflictuelle mais vécue positivement.

Ne dites pas : « Moi X (votre prénom), je ne suis plus intimidé(e) par les réunions de travail en groupe ».

Dites plutôt : « *Moi X, j'affirme facilement mon point de vue au cours des réunions de travail* ».

Dans le premier cas, la formule est exposée sur un mode positivo-négatif (bannissez les expressions comme « Cesser de, ne pas, ne plus »).

Dans le second cas, la formule est exposée sur un mode positivo-positif (l'individu affirme son pouvoir d'action en se concentrant uniquement sur l'objectif fixé).

Sur un plan plus large, optez pour la formule : « *Moi X, je m'affirme facilement en toutes circonstances* » ou bien « *Moi X, je suis de plus en plus assertif (assertive) dans tous les aspects de mon existence.* »

Consacrez un peu de temps à bâtir une phrase qui corresponde réellement à vos besoins. *Seul le sur-mesure est opérationnel.*

Avec le temps, votre formule évoluera en fonction de la modification de vos aspirations et objectifs. Gardez un esprit ouvert, adaptable au changement, bref, ne limitez pas votre pouvoir créatif en restreignant la méthode de l'imprégnation mentale à un schéma rigide. Souvenez-vous toujours de ceci : *vous devez adapter les techniques à vos objectifs personnels et non l'inverse.* C'est toute la différence entre l'application d'un catalogue de recettes et une méthode de travail.

Une fois ce travail préliminaire achevé, choisissez le moment où vous emploierez votre formule. Les deux moments privilégiés de la journée sont le matin au réveil et le soir, au cours de la phase d'endormissement. Dans les premiers temps, si vous en avez le loisir, pratiquez l'imprégnation mentale le matin et le soir. Plus tard, vous privilégierez probablement le matin ou le soir, voire une autre période de la journée. Beaucoup de personnes (dont moi) mettent à profit les inévitables temps morts qu'impose la vie citadine (transport, minutes passées dans un lieu public ou un café entre deux rendez-vous et, bien sûr, embouteillages). Par exemple, j'ai écrit plusieurs pages de ce livre au cours de mon trajet quotidien ! Autant d'occasions pour s'entraîner à l'imprégnation positive au lieu de vitupérer et se stresser, évidemment en pure perte.

Quelques conseils pour ne pas perdre de temps

Contrairement à une idée reçue, le débit lent et le ton monocorde ne sont pas les seuls requis pour pratiquer efficacement. Au fur et à mesure de votre entraînement, vous constaterez la réalité des rythmes cérébraux. Au cours de certaines séances, vous adopterez un rythme lent et monocorde propre à générer un état quasi hypnotique. Mais au cours d'autres séances, une répétition plus rapide et sur une tonalité plus haute paraîtra dégager une énergie particulière très bénéfique à votre travail.

Enfin, durant une même séance, vous aurez envie d'alterner phases lentes et rapides.

Sur tous ces points, seule l'expérience doit guider votre attitude. Si vous êtes un ou une perfectionniste, notez dans un agenda les différences de rythme jour par jour sur une période de plusieurs semaines. Avec le recul, vous verrez apparaître vos rythmes cérébraux personnels. Il vous sera alors facile d'adapter vos exercices en conséquence. Nous reviendrons plus loin sur le travail en cycle.

Quelle durée donner aux séances ?

Reste à préciser la durée des séances d'imprégnation mentale. Au départ, des séances de 10 à 15 minutes se révèlent nécessaires pour maîtriser l'essentiel de la technique. Une règle absolue toutefois : ne vous fixez pas un cap arbitraire impossible à tenir dans la pratique. En clair, si au cours d'une séance, vous sentez que votre phrase ne « passe pas », voire même vous irrite, interrompez l'exercice et recommencez le lendemain.

Pensez toujours, mais absolument toujours, action à long terme.

Mais si, au cours des premiers mois, vous pouvez aisément gérer des séances de 10 à 15 minutes par jour, n'hésitez pas. Toutefois, une fois acquise l'habitude de l'imprégnation mentale par répétition, des séances de 5 minutes par jour suffiront. À condition d'être intraitable sur le niveau de qualité de chaque séance de travail.

En débit lent, une formule du type « Moi X, je suis assertif (assertive) dans toutes les circonstances où c'est utile » est répétée 12 fois par minute soit environ 5 secondes par répétition (total : 60 répétitions en 5 minutes).

Il ne s'agit-là que d'une indication générale. L'enseignement clé à retenir est le suivant : quels que soient le mode et la durée de votre exercice d'imprégnation, la qualité de votre attention sur la signification du thème choisi fait toute la différence.

Un exercice supérieur

Une fois acquise la maîtrise de l'imprégnation verbale, si vous souhaitez aller plus loin, découvrez un exercice supérieur que j'ai directement adapté de la technique de l'*ancrage* (très utilisée en programmation neurolinguistique). L'idée consiste à associer la répétition d'une formule à un geste physique. Le procédé le plus classique est de replier la dernière phalange de l'index sur le bout du pouce en exerçant une légère pression.

La mise en relation entre une perception sensorielle (cénesthésique en l'occurrence) et un exercice mental répond à un double objectif :

– *renforcer le pouvoir de concentration* en associant un stimulus physiologique à un exercice mental ;
– *polariser* immédiatement et automatiquement la pensée sur le thème de méditation choisi par réactivation d'un mouvement physique.

En d'autres termes, après un peu d'entraînement, il vous suffira de faire le geste simple de fermer le poing pour que votre phrase vous revienne automatiquement en mémoire. Il n'est que d'essayer l'association imprégnation mentale + ancrage pour se persuader de ses effets.

Personnellement je procède de la manière suivante. Pour un cycle de 10 répétitions, en démarrant par la main gauche, je lève très légèrement le pouce (1) ; pour replier ensuite l'index sur le bout du pouce (2) ; puis le majeur (3) ; l'auriculaire (4) ; le petit doigt (5). Puis passage à la main droite et répétition du même processus.

L'avantage de cette pratique est d'enchaîner, dans la plus grande discrétion, des cycles de répétition faciles à compter. Un peu à la manière de tours de rosaires que pratiquent assidûment moines et religieux.

L'ancrage opère en fait une engrammation d'idées délibérément choisies dans certaines couches de la conscience. C'est là le secret de son efficacité.

De l'oral à l'écrit

L'imprégnation mentale est aussi bien orale qu'écrite. Dans ce second cas, il suffit de reproduire, au moyen de l'écriture, la technique des répétitions verbales. En clair, une même affirmation peut être répétée aussi bien oralement que par écrit. Depuis des millénaires, certains mystiques indiens, adeptes des yogas, écrivent des milliers de fois sur des cahiers une phrase-symbole (souvent une prière ou une invocation à une divinité). Le développement personnel a su adapter à l'homme contemporain l'antique technique du « japa » ou répétition très prisée des yogis de l'Inde.

Mais là encore, *comment s'y prendre concrètement dans le but de développer votre assertivité ?*

Choisissez un cahier ou du papier libre sur lequel vous écrirez correctement et lisiblement votre formule d'imprégnation mentale. Bien entendu, l'écriture se fait en subvocalisant, c'est-à-dire en répétant à voix basse ou silencieusement la phrase à travailler. Néfaste dans l'apprentissage de la lecture rapide (voir le livre de Bettina Soulez, *Devenir un lecteur performant*[1]) la subvocalisation lente concourt à l'efficacité de l'imprégnation mentale écrite.

Dès lors, comment mener une séance d'affirmations écrites ?

Écrivez votre formule sur deux pages, soit environ 2 séries de 30 lignes (l'équivalent de deux pages d'un cahier format écolier). Cet exercice demande approximativement de 10 à 15 minutes.

Le fait d'écrire de nombreuses fois la même affirmation constitue un ancrage d'une grande puissance. En effet, les stimulations physiologiques sont à la fois multiples (pression des doigts sur le stylo, résistance de la mine sur le papier, etc.) et répétées dans le temps. Ne vous privez donc pas de l'apport des affirmations, au moins au début de votre stratégie assertive, pour enchâsser en vous les principes de l'imprégnation mentale. L'idéal serait d'y consacrer 1 ou 2 mois. Pour l'organisation pratique des différents programmes d'action à mettre en place, reportez-vous au chapitre 7 de ce livre.

---

1. Dunod, 1997.

Une utile mise au point

Dans la mesure où elle mobilise de nombreuses sensations cénesthésiques simultanées, la pratique des affirmations écrites donne lieu, très souvent, à des phénomènes de résistance psychologique. Rien d'anormal à cela : l'écrit, plus encore que l'oral, touche des couches très profondes du psychisme. Intégrer les affirmations écrites dans votre plan d'action assertif vous expose, dans une certaine mesure, à subir éventuellement des remontées intempestives de résistances au changement :

- « S'affirmer c'est bien joli, mais moi je me sens toujours aussi intimidé quand je dois prendre une décision en public ! »
- « Pourquoi me casser la tête avec cet apprentissage, car après tout, avant les choses n'allaient pas si mal que ça ? »
- « Pourquoi devrais-je faire tous les efforts, les autres peuvent tout aussi bien faire le premier pas ? »

Des réflexions de ce type risquent de surgir spontanément dans votre esprit au cours de vos séances. Généralement après quelques jours de pratique. Elles traduisent vos appréhensions et vos doutes, bref, vos blocages psychologiques. D'autres réflexions, plus intimes, sont également susceptibles de se manifester.

- « Finalement tout ce travail de développement personnel me fiche un peu la trouille ! »
- « J'ai l'impression de ne plus être moi-même mais de jouer un rôle artificiel. »

Généralement, les blocages et les résistances se traduisent de trois façons distinctes :

- *le doute* (« Tout cela est-il vraiment efficace ? ») ;
- *la peur* (« Je veux bien changer mais pas trop ! ») ;
- *l'inertie* (« Je laisse tomber, ça va trop vite et trop loin »).

Ces manifestations n'ont rien de pathologique. Pour la plupart d'entre nous, le changement est anxiogène. D'où les résistances. Deux observations cependant :

- cet ouvrage n'a aucunement l'intention de se substituer à une action de type psychothérapeutique ; son unique finalité est de permettre au lecteur d'optimiser ses capacités assertives en milieu professionnel ;

– par conséquent, si la pratique des affirmations écrites provoque chez vous des phénomènes indésirables, passez outre. Bien qu'utile, l'imprégnation mentale écrite n'est pas strictement indispensable pour développer une personnalité assertive.

L'assertivité est une technique de développement personnel et non une psychothérapie, laquelle requiert l'assistance d'un professionnel compétent.

Mon expérience m'oblige à souligner que l'affirmation écrite, plus que la répétition orale, réactive les résistances et schémas limitants enfouis dans la psyché. L'utilité de provoquer volontairement ces remontées est bien sûr de développer votre autoconnaissance.

Par exemple, Chantal travaille la phrase « Moi Chantal, je donne facilement mon avis dans les réunions de travail » et cette phrase suscite chez elle des sentiments d'insécurité ou d'intimidation, en particulier le souvenir d'épisodes difficiles avec des collègues. L'enseignement apparaît clairement : la force de la résistance indique le problème sur lequel concentrer l'effort (en l'occurrence la crainte des réactions des collègues). Dans ce cas, Chantal pourra très bien adapter sa phrase à ce problème spécifique : « *Moi Chantal, j'émets mon point de vue sans craindre la réaction de mes collègues.* » C'est ainsi que se bâtit un plan évolutif d'affirmations.

Bien entendu, le but d'une affirmation, outre son aspect (très précieux) d'introspection et de connaissance de soi, est de pousser l'individu à l'action. Si le passage à l'acte ne se produit pas, la meilleure solution consiste alors à confectionner une autre affirmation assertive plutôt que de s'entêter. N'hésitez pas à changer de phrase en cas de besoin. Tout le truc consiste à changer d'angle d'approche mais en conservant un objectif identique. Si vous ne pouvez affronter directement l'obstacle, contournez-le. Le but est d'avancer dans la voie assertive sur le long terme, pas de faire une course de vitesse.

Vous êtes maintenant suffisamment armé(e) pour pratiquer efficacement l'imprégnation mentale. Sauf qu'il est possible d'en renforcer le pouvoir grâce à une technique supplémentaire : la visualisation.

Apports de la visualisation

Visualiser c'est traduire en image (mentale) un objectif précis. La visualisation, comme technique de développement personnel, consiste à créer, organiser, gérer et ancrer dans la pensée des représentations mentales mûrement choisies. Si la stimulation de l'imagination permet de générer de multiples images, la visualisation a pour fonction de leur donner une orientation précise. Autant l'imagination, laissée à sa propre initiative, dérive rapidement vers la rêverie (laquelle n'a en soi rien de blâmable), autant la visualisation implique une gestion volontaire des images mentales.

Un plan en deux étapes

Première étape pour passer à l'action à l'instar des phrases répétées par oral ou par écrit, la visualisation commence par la *création d'une image-symbole relative à l'objectif fixé.* Par exemple, dans le cas de l'assertivité, la personne de tempérament timide, doit s'imaginer en train de s'exprimer facilement en public ou de faire une remontrance justifiée à un collègue, sans se sentir culpabilisée.

Deuxième étape : les séances de visualisation reprennent un schéma identique aux séances d'imprégnation mentale évoquées plus haut. Des cycles de 5 minutes d'*évocation des images-symboles* – de préférence avant l'endormissement – sont suffisants. Reste à préciser le mécanisme clé de la visualisation.

Comment fonctionne la visualisation

L'usage conscient et raisonné des images mentales doit son efficacité à un mécanisme tripartite :

- un objectif ;
- un sentiment ;
- une image-symbole.

- **Un objectif** : Dans l'optique de ce livre, l'objectif visé est le développement de votre assertivité. Objectif que vous devez pouvoir exprimer verbalement en quelques phrases concises. Par exemple : « Je veux pouvoir marquer mon approbation ou ma désapprobation en toutes circonstances » ou bien « Je veux savoir poser un raisonnement en public sans jamais perdre pied ou me laisser décontenancer par l'attitude de mes interlocuteurs » ou bien encore « Je surmonte les critiques, justifiées ou non, sans en être durablement affecté(e). »

- **Un sentiment** : La visualisation est tout sauf une méthode froide. Une image mentale efficace mobilise les forces du sentiment, bref, véhicule une émotion. L'individu doit s'y impliquer intellectuellement et affectivement. Ressentez par avance la joie de vous savoir pleinement assertif.
- **Une représentation ou image-symbole** : Parmi les différentes images à utiliser au cours de vos séances de visualisation, privilégiez une image-symbole, synthèse par l'imagination de votre objectif final. C'est elle que vous évoquerez au début et à la fin de chaque séance. Entre ces deux phases, laissez votre instinct vous guider. De nombreuses images et scènes surgiront dans votre esprit et s'organiseront au fur et à mesure de votre progression. Veillez simplement à ce qu'elles restent toujours en rapport direct avec le thème de l'assertivité. Retenez que la visualisation est à l'imagination ce que la concentration est à la pensée. Les exercices suivants vont vous aider à mettre en œuvre avec succès le mécanisme de la visualisation assertive et de l'imprégnation mentale.

Exercices

Adoptez ce programme progressif composé de quatre exercices. Rapidement votre détermination à vous affirmer dans tous les domaines de votre vie tendra à se développer, par-delà votre but prioritaire qui vise l'efficacité professionnelle et l'amélioration de vos relations dans le cadre du travail (réunions, rapports entre collaborateurs, conduite de projets en commun, management d'équipement, motivation, évaluation et délégation de compétences, etc.).

Exercice 1

Sur une feuille de papier, où à l'intérieur du cadre présenté dans cette page, décrivez par cinq adjectifs vos manques et défauts pour chaque niveau considéré. Commencez par remplir les cadres b, c et d. Puis remplissez le cadre a, par la synthèse des qualités et défauts évoqués le plus souvent dans les cadres b, c et d.

Si vous effectuez correctement l'exercice dans toutes ses phases, les cadres b, c, d contiennent chacun cinq adjectifs portant sur des points à améliorer, le cadre a faisant la synthèse des adjectifs revenant le plus souvent dans les cadres b, c, d. Grâce à la liste des cinq adjectifs du cadre a, vous allez pouvoir tirer profit des exercices 2 et 3.

Niveau 1	**Niveau 2**	**Niveau 3**	**Niveau 4**
Mon moi assertif	Relations avec mes supérieurs	Avec mes collègues	Avec mes subordonnés
a	b	c	d
1. 2. 3. 4. 5.	1. 2. 3. 4. 5.	1. 2. 3. 4. 5.	1. 2. 3. 4. 5.

Exercice 2

Supposons que dans le cadre a figure la formule « développer une meilleure écoute », créez maintenant une phrase-symbole exprimant la façon dont l'écoute renforce directement ou indirectement l'assertivité.

Par exemple : « Moi Luc, la qualité de mon écoute facilite mes relations au travail. » Ou bien : « Moi Sophie, l'écoute d'autrui me donne le droit d'affirmer en retour mon point de vue. »

L'astuce consiste à construire une phrase capable d'établir un rapport logique entre l'écoute et l'assertivité. Phrase à travailler bien sûr en imprégnation mentale.

Exercice 3

Toujours pour garder le même exemple, créez dans cette troisième étape une image-symbole mettant en scène votre qualité d'écoute en mode assertif. Vous pouvez ainsi vous imaginer assis(e) derrière votre bureau en train d'écouter les doléances, justifiées ou non, d'un collègue. Ressentez cette scène dans tout votre être. Sentez en particulier le plaisir que vous tirez de votre qualité d'écoute et la façon dont elle améliore, in fine, votre relation avec votre interlocuteur. Mais attention : comme dans tout exercice de visualisation, n'évoquez pas dans vos images mentales des personnes directement issues de votre entourage. Vous devez travailler sur des situations et non sur des personnes que vous fréquentez. Votre but n'est pas d'inféoder autrui à vos désirs ou d'aliéner le libre-arbitre de qui que ce soit. En termes directs : la visualisation n'est pas une entreprise d'influence psychique sur les autres. Du reste, le fait de visualiser autrui en train de changer de comportement à votre égard renforcerait dans votre inconscient l'idée que cette personne exerce assez de pouvoir sur vous au point de vouloir la placer délibérément sous contrôle ! Sachez enfin que les cas d'influence mentale par la visualisation, malgré une littérature aussi abondante que peu rigoureuse, sont très rares.

L'IMPRÉGNATION MENTALE

Verbale, écrite ou par visualisation, l'imprégnation mentale est un atout essentiel. Transformez votre voix intérieure en alliée.

Réservez l'imprégnation mentale en premier lieu à l'assertivité.

Adaptez-la ensuite à d'autres aspects du développement personnel. Les techniques (phrases-symbole, ancrage, visualisation), décrites dans ce chapitre, vous aideront à atteindre vos objectifs.

6
En public

L'oral, un atout assertif essentiel

S'il est un domaine où les techniques d'assertivité prennent toute leur valeur, c'est bien dans celui de la prise de parole en public. La société de communication dans laquelle nous évoluons chaque jour un peu plus multiplie les occasions – et souvent les obligations – de s'exprimer devant un public, même restreint. Jusqu'à présent prérogative des seuls top managers, *la communication verbale fait maintenant partie de la panoplie professionnelle de base* de toute cadre (y compris en PME/PMI), souvent de tout salarié (dans les grands groupes) et à l'évidence de tout auto-employé (responsables de TPE et autres travailleurs indépendants). Interne ou externe, institutionnelle ou publicitaire, la communication d'entreprise, au sens large, s'accompagne d'un nombre croissant d'interventions verbales. Signe des temps, en quelques décennies, les cas de figure et les situations de communication sont devenus quasiment impossibles à recenser :

- réunions dans l'entreprise concernant la définition et la conduite de projets, objectifs ;
- séances de brainstorming et de créativité en sessions de formation ou en petits groupes à l'intérieur de l'entreprise ;

- discussions sur les choix à faire en matière de marketing et de communication publicitaire, actions promotionnelles à promouvoir ;
- opérations diverses et variées de relations publiques ;
- conférences de presse classiques du type communication des résultats annuels devant un parterre de journalistes et d'analystes financiers ;
- communication de l'information financière et stratégique aux actionnaires ;
- actions de lobbying auprès des pouvoirs publics ;
- travail conjoint avec les cabinets spécialisés et les consultants, experts, par exemple sur l'intégration de nouvelles technologies du type internet, création de bases de données consommateurs ou de systèmes de veille (produit, marketing, sociale...) ;
- sessions de formations en inter ou intra ;
- réunions informelles dans l'entreprise à seule fin d'entretenir un climat de convivialité et de développer les échanges interpersonnels.

Sans doute cette liste, en rien exhaustive, a-t-elle fait défiler dans votre esprit tout ou partie des réunions auxquelles il vous a fallu assister au cours, disons, des dix derniers jours. Même si vous travaillez dans une entreprise employant moins de 50 personnes. Du reste, plus l'entreprise est de taille modeste et plus chaque collaborateur doit mener de front plusieurs niveaux de préoccupations en matière de communication avec à chaque fois des réunions aux contenus et aux profils différents. C'est pourquoi, *il va sans dire que pour assurer la gestion – au sens littéral – de ces différents actes de communication, l'assertivité se révèle indispensable.* Affirmer son point de vue dans une réunion où chacun s'emploie à finasser afin de ne se charger d'aucune responsabilité supplémentaire, oser prendre la décision d'arrêter un budget ou au contraire de le supprimer, bâtir un échéancier précis engageant plusieurs niveaux hiérarchiques dans l'entreprise, voilà autant d'occasions de transformer, par l'assertivité, de pesantes réunions en actes positifs, constructifs et utiles à vos intérêts personnels. Reste à déterminer comment et dans quels cas conduire une communication assertive, notamment dans le cadre des réunions de travail.

Identifiez vos faiblesses

Le questionnaire ci-après a deux objectifs.

- vous permettre d'*identifier précisément vos faiblesses* en matière d'expression orale ;
- vous aider à *définir une ligne de conduite appropriée* à chaque cas de figure.

Comme pour tous les autres tests, prenez quelques instants avant de répondre à chacune des questions. Réfléchissez à vos expériences les plus récentes ou les plus significatives en matière de réunions à l'intérieur de l'entreprise.

1. Au cours de l'année écoulée, à combien de réunions impliquant une prise de parole de votre part dépassant une quinzaine de minutes, avez-vous personnellement été tenu(e) d'assister ?

Moins de 10 ❑ De 10 à 20 ❑ 20 et plus ❑

2. Dans quel(s) type(s) de réunions êtes-vous intervenu(e) ?

a. Des réunions de travail en petit comité (par exemple : stratégie d'entreprise, définition d'objectifs, projets portant sur le devenir immédiat de la société...) ? ❑

b. Des réunions liées à la communication de l'entreprise (par exemple : publicité, actions de relations publiques ou promotionnelles, sponsoring, création d'un événementiel quelconque...) ? ❑

c. des réunions de stratégie incluant des tiers totalement extérieurs à l'entreprise (par exemple : auditeurs, consultants, formateurs...) ? ❑

Dans chaque case, notez le nombre de réunions sur l'année écoulée (même s'il s'agit d'un chiffrage approximatif).

3. Nous venons de distinguer trois grandes catégories de réunions (a, b, c). Parmi ces catégories, laquelle vous pose, statistiquement parlant, le plus de difficultés ? Votre choix (a, b, c) :

a. ❑ b. ❑ c. ❑

4. Décrivez maintenant par 5 adjectifs les manques qui, selon vous, expliquent vos difficultés actuelles (par exemple : émotivité excessive, difficulté à suivre un raisonnement dans toutes ses phases, sensation de gêne

☞

☞

quand tout le monde se met à parler en même temps ou qu'au contraire chacun reste silencieux, difficulté à capter l'attention générale au cours des échanges...).

1.
2.
3.
4.
5.

5. À quelles causes, attribuez-vous ces manques (par exemple : difficulté d'élocution, peur du ridicule, crainte de se tromper, de ne pas paraître suffisamment bien informé(e) des projets réels de l'entreprise, de dévoiler ses « batteries »...) ?

1.
2.
3.
4.
5.

Ce questionnaire donne lieu à plusieurs observations éclairantes sur votre pratique des réunions et de l'expression orale.

Première observation : Le nombre de réunions auxquelles vous assistez au cours d'une année. En la matière, nos perceptions sont souvent très subjectives et peu conformes à la réalité. Les « communicants dans l'âme » estiment qu'on ne leur donne jamais suffisamment la possibilité de s'exprimer. À l'inverse, les acteurs silencieux se plaignent régulièrement de la « réunionnite ».

Le chiffrage auquel vous avez procédé vous fournit une indication concrète. Peut-être pensiez-vous passer votre temps en réunions stratégiques alors que finalement, les réunions consacrées aux actions marketing sont nettement plus nombreuses. Sans doute préférez-vous l'univers des actions pub aux grandes planifications stratégiques !

Deuxième observation : Au-delà de 20 réunions annuelles nécessitant de votre part des interventions orales de plusieurs dizaines de minutes, considérez l'acquisition d'une communication assertive comme inhérente à votre poste. Et, osons le dire, comme indispensable à votre évolution future au sein de l'entreprise !

Troisième observation : La nature des réunions auxquelles vous assistez. Là encore, l'objectivité est de mise. Certains sont mal à l'aise quand ils s'adressent à des inconnus alors que d'autres redoutent les réunions en comité restreint avec leurs collègues habituels. Par exemple, le fait de décrire dans le détail le dysfonctionnement d'un service à un consultant en préparation de mission peut très bien vous laisser de marbre ou au contraire vous impressionner au point de vous faire perdre vos moyens.

Que tirer concrètement de ces tests et observations ?

Si vous apprenez à déterminer la nature des réunions auxquelles vous prenez part, il vous sera aisé d'adapter votre communication assertive. Par exemple, dans un entretien serré avec un consultant, mieux vaut bannir effets de style et digressions pour vous concentrer sur un exposé clair, concis et strictement factuel. Dans le cas d'une réunion avec des collègues familiers, quelques plaisanteries, voire traits d'humour, sont de mise. À condition de ne pas en abuser. En d'autres termes, pour être harmonieuse, toute communication doit tenir compte du milieu et de l'ambiance du moment.

Le simple fait de repérer précisément la nature objective de vos réunions de travail devrait vous permettre de modifier positivement votre comportement. Peut-être remarquerez-vous alors certains déphasages entre l'attitude qu'on attend de vous et votre comportement coutumier. Souvent, il n'en faut pas davantage pour « décoincer » certaines situations où chaque participant a le sentiment confus que la communication ne « passe » pas. Une communication assertive efficace exige au préalable une juste appréciation de son contexte.

Ajustez votre attitude

Ce court récapitulatif va vous aider à faire le point et à ajuster votre comportement au cours de vos réunions de travail.

1. Assistez-vous à des réunions avec des participants occasionnels ou réguliers ? Cela paraît évident, mais mieux vaut éviter de vexer inutilement des individus avec lesquels vous devez multiplier les échanges dans la durée !
2. Vous trouvez-vous le plus souvent dans le rôle d'animateur ou de participant ? Si vous intervenez en tant que leader vous ne

pouvez tout simplement pas vous autoriser à mal conduire vos réunions. La motivation de votre équipe en dépend. Concentrez-vous à fond sur les techniques assertives de base si vous estimez être un animateur de réunion de qualité médiocre.

3. Les participants sont-ils plutôt indifférents, neutres, bienveillants à votre égard ou bien comptez-vous au contraire quelques contradicteurs irréductibles ? Dans l'affirmative, isolez les contradicteurs et adaptez votre stratégie; faites votre possible pour établir une relation équilibrée. Souvent, le temps fera évoluer la situation en votre faveur.
4. Quel degré de préparation vos réunions exigent-elles ? Si vous n'avez que des réunions de cadrage sans préparation particulière, optez pour une conduite informelle, conviviale et très interactive. A contrario, si votre programme de réunions vous oblige à empiler transparents et autres tableaux chiffrés, limitez-vous à une « phraséologie pédagogisante ». Un conseil pratique : réprimez la tentation, si courante, de la paraphrase orale du document écrit. Vos interventions y gagneront en concision et donc en clarté. Sans oublier que vos auditeurs apprécieront votre capacité à vous en tenir aux éléments essentiels sans les noyer sous un flot de paroles.

Remarque : Il va sans dire que tout ce que nous avons dit de la résolution positive des conflits s'applique trait pour trait à la communication assertive. Reste maintenant à examiner un dernier aspect en matière de communication assertive : vos prises de parole face à un public élargi.

Préparation de vos interventions

Le principal obstacle à une prise de parole en public efficace est le trac et ses nombreuses manifestations ; peur d'apparaître comme ridicule face à l'auditoire, de ne plus savoir quoi dire ni comment, peur enfin et surtout, de ne pas être compris et de rater sa prestation. Tout conférencier de métier comme tout comédien de valeur, malgré l'expérience, connaissent des « remontées » régulières de trac et d'intimidation. En fait, la prise de parole en public n'est pas un acte vraiment naturel mais le résultat d'une action délibérément décrétée et construite.

Pour franchir la rampe, la première étape consiste à briser le mur (naturel et légitime) de l'appréhension. Notre but n'est pas, dans les limites de cet ouvrage, de vous délivrer une procédure complète et détaillée d'expression orale (consultez, sur ce point, le livre *Demain, je parle en public* de Thierry Destrez[1]) mais de vous fournir des clés d'action immédiatement opérationnelles pour une communication assertive réussie.

Déterminez la forme et le contenu de votre message

L'assertivité est le véhicule de votre volonté et de vos objectifs personnels. C'est pourquoi, la technique n'est pas une finalité mais le moyen d'atteindre des buts fixés à l'avance. C'est exactement la même chose pour l'apprentissage de l'expression orale. Pour paraphraser le célèbre théoricien des médias, Marshall McLuhan, il faut distinguer le message (contenu informationnel et communicationnel) du médium (contenant, c'est-à-dire moyen et mode de communication utilisé pour véhiculer le contenu du message). Sous ce rapport, pour que votre communication assertive en public fasse mouche, vous devez impérativement cerner avec la plus grande précision la nature et la teneur de votre message. Qu'il s'agisse d'une réunion de travail en petit comité ou d'une intervention dans un vaste auditorium, adoptez une procédure identique.

1. Qu'est-ce que je veux dire vraiment ? Examen lucide et critique de la pertinence du message à délivrer.
2. À qui mon message s'adresse-t-il en priorité ? Nature du public, niveau d'information et de connaissance des participants, homogénéité ou hétérogénéité du groupe.
3. Comment vais-je m'assurer que mon message a été compris ou simplement perçu ? Analyse du feedback ou effet de retour du destinataire du message vers l'émetteur du message.

Une fois en mesure de répondre valablement à chacune de ces trois interrogations fondamentales, franchissez l'étape suivante : la prise en compte des conditions matérielles de votre intervention.

1. Dunod, 1998.

Prenez vos marques

Mon expérience personnelle (via mon activité de journaliste où les animations de tables rondes et autres conférences sont monnaie courante) m'a permis de me constituer, avec le temps, une authentique check list technique. Je vous recommande vivement de l'étudier dans le détail avant de vous lancer dans une intervention orale d'envergure.

• **Dispositions concernant le lieu de l'intervention**

- La qualité générale des locaux (configuration, luminosité, atmosphère...).
- La taille de la salle (trop grande, trop petite, espace bien ou mal distribué...).
- Les entrées et sorties (vérifiez par exemple la présence ou l'absence d'accès multiples donnant directement sur le lieu de votre intervention et pouvant représenter une source de perturbation).
- L'acoustique (malgré des progrès techniques continus, microphones et systèmes de sonorisations produisent encore trop souvent le très désagréable effet larsen. D'où nécessité, si possible, de tester le matériel en conditions réelles).
- L'accès (le lieu en question est-il facile à trouver pour les nouveaux venus, une signalétique complète a-t-elle été prévue pour guider le public depuis le parking ?).

• **Dispositions touchant l'orateur**

- La tenue vestimentaire (en principe tenue de ville ou costume sont de rigueur sauf contre-indication expresse. Par exemple, les hommes politiques reçoivent leurs militants en bras de chemise au cours des universités d'été de leurs partis respectifs).
- L'apparence générale (choix des couleurs, coiffure...). Un conseil : adaptez votre tenue à la température ambiante. Il fait souvent très chaud sous les projecteurs. Peut-être êtes-vous de ceux qui transpirent facilement et abondamment.

• **Dispositions touchant le public**

- Les orateurs qui donnent la plus grande impression de facilité sont souvent ceux qui apportent le plus grand soin à la préparation de leurs interventions... même s'ils prétendent le contraire ! En particulier, ils s'informent au préalable sur la *composition précise du public.* Un exemple personnel va vous éclairer : dans le cadre d'un symposium sur le commerce électronique organisé par une CCI, j'ai eu à conduire un atelier sur les cyber-achats. Il me fut impossible de connaître à l'avance le niveau d'information réel de l'auditoire. Quelques minutes après le début de mon intervention je compris que certains participants avaient déjà créé un site marchand sur Internet alors que d'autres en étaient encore à déchiffrer le sigle www ! Si d'aventure vous vous retrouvez dans pareil cas de figure, ne paniquez pas mais indiquez explicitement les différences de niveau de difficulté de votre intervention. Dites par exemple : « Mon introduction paraîtra sans doute un peu schématique à certains d'entre vous mais je crois néanmoins qu'elle a le mérite de situer des enjeux qu'il est bon de ne jamais perdre de vue. » Ces phrases de transition montrent à votre public informé que vous l'avez parfaitement identifié mais que vous ne voulez pas cependant laisser de côté les néophytes. En revanche, si vous souhaitez capter l'attention des plus avertis, indiquez votre intention de façon tout aussi explicite : « Le moment est maintenant venu d'aborder un versant plus technique du commerce électronique... » Il n'en faut pas davantage pour orienter positivement le climat d'une intervention devant un auditoire inégal. C'est du reste exactement ce que je fis pour rester en phase avec mon public.

– Le *nombre* des participants (dans la pratique, au-delà de 15 personnes, il devient impossible de conduire un véritable débat avec le public. Limitez-vous plutôt à une période de questions/réponses d'environ 20 à 30 minutes pour une conférence d'une durée de 45 minutes à une heure).

Ces différents conseils vous aideront à amplifier considérablement le potentiel assertif de vos interventions publiques. Les participants ressentiront vos marques de professionnalisme comme la volonté de faire passer votre message dans les meilleures conditions. Toutefois, pour aller plus loin, étudiez maintenant une liste complémentaire de techniques et astuces d'expression orale. Là encore, nous resterons fidèles au principe de la check-list.

Votre check-list d'expression orale assertive

Revenons un instant sur la question du trac. À l'instar du stress, le trac est une réaction logique et normale à une situation nouvelle, c'est-à-dire sortant des habitudes. De même qu'il existe un bon stress (la crainte maintient en alerte et soutient l'indispensable vigilance), il existe un bon trac. En effet, la peur du trac pousse les orateurs à « bétonner » leurs interventions, échappant ainsi au piège de la facilité (penser qu'on pourra mettre aisément le public dans sa poche). Toutefois, le trac ne doit pas mener à l'inhibition. C'est pourquoi, la plupart des spécialistes de la prise de parole en public recommandent l'apprentissage de la relaxation. Ce conseil vaut de l'or dans la mesure où, en soi, la relaxation est une authentique hygiène de vie et un atout de choix dans une stratégie de développement personnel. Mais si vous ne disposez pas du temps suffisant pour vous lancer dans un programme d'entraînement à la relaxation, limitez-vous à ces quelques recommandations (toutes issues d'une expérience personnelle de plusieurs années).

1. Juste avant d'entrer en scène, *isolez-vous*, par exemple aux toilettes, et prenez plusieurs inspirations et expirations profondes et lentes sans penser à quoi que ce soit de particulier ; puis contractez brusquement l'ensemble de vos muscles, y compris le cou et le visage (yeux, joues, front). Les phases de mise en tension musculaire ne doivent pas dépasser quelques secondes et être suivies de phases de complet relâchement musculaire. Recommencez l'opération de 5 à 10 fois : tension musculaire de quelques secondes, détente musculaire complète d'une vingtaine de secondes.
   Une autre variante, tout aussi efficace, consiste à sautiller sur place durant quelques instants en laissant les bras le long du corps. Exactement comme un sportif qui s'apprête à prendre le départ d'une course. Il n'est que d'essayer cette astuce ultra-simple et ne nécessitant aucun entraînement pour se convaincre de son effet positif sur le trac.
2. Si vous en avez le loisir, toujours avant d'entrer en scène, *imaginez la salle* où vous allez prendre la parole et son public. Imaginez que vous êtes situé à un point du plafond, ou dans l'assistance, en train de vous observer discourir… avec aisance

et facilité. Anticipez mentalement le succès total de votre intervention (bonne élocution, facilité à poser vos arguments, bonnes réactions du public…).

3. Décidez dès maintenant de prendre l'habitude de vous entraîner à l'élocution. Dans cette optique, *prenez la résolution d'enrichir votre vocabulaire.* À cet égard, la fréquentation régulière d'un dictionnaire des synonymes s'avère irremplaçable. Connaître plusieurs termes pour désigner une même réalité équivaut à savoir (et pouvoir !) nuancer votre pensée en toutes circonstances. En particulier, l'amélioration continue de votre vocabulaire vous aidera à vous démarquer, dans le bon sens, mais surtout, à ne pas céder aux phrases, toutes faites, clichés, poncifs et autres tics verbaux qui ont tôt fait d'irriter les publics les plus indulgents. En outre, un vocabulaire parfaitement nuancé est un atout précieux tant dans les interventions publiques que dans les réunions de travail courantes. Pourquoi se priver d'un avantage accessible au prix d'efforts mineurs ? Plongez régulièrement le nez dans le dictionnaire et vous serez amplement récompensé de votre curiosité.
4. D'autre part, *apprenez à articuler correctement* afin de développer une bonne qualité d'élocution. De ce point de vue, l'exemple à suivre est celui des hommes politiques, passés maîtres dans l'art des phrases courtes, au vocabulaire savamment choisi et nuancé, et toujours parfaitement articulées. Quel contraste avec le débit ultra-rapide, syncopé et parfois incompréhensible des journalistes !
5. *Soyez* donc *très vigilant(e) quant au débit et à l'intonation* de votre voix. Trop rapide, votre débit provoque chez les autres une sensation d'agitation intérieure et de malaise. Trop lent, vous courez le risque d'ennuyer et de passer pour quelqu'un de soporifique… Ce qui est peu assertif. Dans la pratique, exprimez-vous lentement lorsque vous voulez ancrer une idée-force dans l'esprit du public ou donner un tour solennel à votre intervention. Mais parlez plus vite quand vous divulguez des informations d'importance secondaire. L'auditoire sera très sensible à ces variations de rythme, d'intonation et de débit. Votre façon de vous exprimer sur un mode non linéaire impressionnera favorablement.

6. *Maîtrisez votre gestuelle* lorsque vous vous exprimez. Trop agité, vous diffusez une sensation d'anxiété. Trop statique, vous risquez d'indisposer l'assistance. Là encore un dosage équilibré est de mise. D'ailleurs, petit à petit, vous aurez spontanément l'impulsion d'accompagner de gestes plus ou moins amples certaines de vos déclarations et prises de position. À d'autres moments vous serez plus statique afin que votre public porte son attention sur le contenu plus que sur la forme de votre message. Laissez faire votre intuition du moment.

Utilisez le BAS

Une fois que vous avez cerné avec précision le contenu de votre message (pertinence de l'intention, validité des informations et utilité du contenu), étudié vos check-lists, vous êtes enfin prêt(e) à passer sous les feux de la rampe. Mais malgré tous vos efforts, si vous craignez de perdre pied au dernier moment, raccrochez-vous au BAS, procédé couramment enseigné par différents organismes de formation à la communication orale. Le BAS rassemble trois actes de communication très puissants :
B = Balayer
A = Articuler
S = Sourire

- **Balayer** : Le balayage visuel consiste à prendre l'ensemble de l'auditoire en considération. Attention cependant à ne pas rouler excessivement des yeux au point de les transformer en gyrophares. Au cours de votre intervention, isolez des individus ou groupes d'individus sur lesquels vous allez poser votre regard quelques secondes pour ensuite passer à d'autres personnes. Déplacez votre regard à gauche, puis à droite, devant (premiers rangs), au milieu puis au fond. N'abusez pas des balayages visuels panoramiques mais à plusieurs reprises, « reprenez » du regard votre auditoire. Tout spécialement dans les moments où vous abordez les passages clés de votre intervention.
- **Articuler** : Nous avons déjà abordé ce point. Retenez qu'une articulation soignée développe une élocution très agréable à entendre. Un conseil : ne confondez pas articulation parfaite et débit ralenti à l'extrême. On peut éviter de « manger » ses mots, même en adoptant un débit relativement rapide.

- **Sourire** : Le sourire est une invitation pressante à la communication. Il instaure immédiatement un rapport relationnel positif. Mais justement, de ce puissant ancrage positif, vous ne devez en aucun cas abuser. Un sourire trop prononcé et permanent peut, à la longue, paraître factice. Voire hypocrite. Usez donc de votre plus engageant sourire pour établir le contact initial puis, en cours de débat, utilisez-le de temps en temps pour recréer le contact. Bref utilisez le sourire sans vous laisser enfermer dans une attitude stéréotypée type « vendeur d'aspirateurs ».

Savoir faire face aux imprévus

Même si vous mettez tous les atouts de votre côté, vous ne pouvez pas éviter les imprévus. Ces désagréments peuvent aller d'un défaut de matériel (sonorisation défectueuse, panne de courant...) au comportement difficilement contrôlable d'un participant plus ou moins agressif. Vous pouvez retourner ces inconvénients à votre avantage si vous savez conserver une attitude positive. C'est tout l'art de l'assertivité exercée en public.

En effet, si vous pouvez conserver calme et sens de l'humour malgré les petits incidents et autres aléas, vous renforcerez, par cette attitude, votre influence sur le public. Souvenez-vous que le calme gagne facilement les faveurs des autres.

Désamorcez l'agressivité

Mais il peut arriver qu'au cours de la période de questions/réponses consécutive à votre intervention, certains participants cherchent à vous mettre en difficulté. Dans une telle éventualité, comment réagir ?

Premier point : Observez attentivement votre contradicteur pendant qu'il s'exprime. Les individus vraiment mal intentionnés ou franchement malveillants sont finalement assez rares. Le plus souvent, il s'agit de personnes en mal de reconnaissance qui souhaitent capter l'attention et se mettre en avant, aux dépens de l'orateur. Une fois qu'elles ont le sentiment d'avoir délivré leur message et d'avoir « rectifié » les erreurs de l'intervenant, de telles personnes tendent généralement à retrouver leur calme.

N'hésitez pas, dans ce cas de figure, à remercier votre contradicteur, pour ses marques d'intérêt et sa « contribution à l'enrichissement du débat ». Démagogiques ou pas, ces propos ont la vertu d'inclure dans le déroulement de votre exposé l'intervention du contradicteur, comme si vous l'aviez prévue dès le départ ! La règle à mettre en œuvre est celle-ci : évitez les affrontements directs mais contournez plutôt les obstacles en usant de diplomatie. Une fois de plus, nous ne pouvons que vous renvoyer à l'exemple des politiques. Non pour les imiter mais pour vous inspirer de leur approche de la communication orale.

Deuxième point : Si vous vous retrouvez face à un participant vraiment agressif, la ligne de conduite à adopter est la suivante : ne répondez surtout pas à l'attaque par l'attaque, évitez tout écart de langage et réclamez expressément de votre interlocuteur un retour à la courtoisie, sous peine d'interrompre tout échange verbal. Soyez intransigeant sur ce point ; votre assertivité en sera décuplée ! Dites par exemple : « Pour l'agrément de tous, je vous propose de faire valoir votre point de vue avec courtoisie. Je ne pense pas que le recours à l'agressivité serve votre but. » Là encore, votre capacité à conserver votre contenance vous gagnera quasi automatiquement la sympathie du public. Très souvent, d'autres participants se chargeront à votre place de rappeler à l'ordre l'individu agressif. Rapidement isolé, il n'aura alors d'autre choix que de se taire ou de quitter les lieux. Pour autant, en aucun cas ne cherchez à ridiculiser votre contradicteur, tout spécialement si vous êtes en position de force. Le public prendrait alors immédiatement parti contre vous. Faites toujours preuve d'ouverture d'esprit, de sens de l'écoute et d'indulgence.

Troisième point : La tentation permanente de tout orateur est de vouloir savoir répondre à toutes les questions qu'on lui pose. Sachez que nul ne peut tout connaître dans un domaine donné, pas même un hyper-spécialiste. Si quelqu'un, à l'issue de votre intervention, vous pose une « colle », avouez votre ignorance. Mais en y mettant les formes.

Vous pouvez, toujours à titre d'exemple, dire ceci : « Votre intéressante question montre votre connaissance du sujet. J'avoue, dans l'immédiat, ne pas être en mesure de vous apporter une réponse satisfaisante. Mais je me propose de me renseigner sur ce point et bien sûr de vous tenir au courant du résultat de mes recherches. Peut-être pourrions-nous nous rencontrer après cette conférence pour échanger nos cartes de visite. » Nous vous conseillons vivement de donner suite à votre engagement. Outre qu'il vous gagnera la sympathie future de votre interlocuteur, vous aurez ainsi l'occasion d'accroître vos connaissances et bien sûr de ne plus être en difficulté si une autre personne vous pose la même question. Les bons conférenciers notent toujours sur un carnet les questions épineuses... et n'oublient jamais de se renseigner. Ce n'est pas autrement qu'on passe du rôle d'intervenant occasionnel à celui de spécialiste reconnu.

Améliorez vos connaissances

Convenez que l'amélioration régulière et continue des compétences et connaissances ne nuit pas à l'assertivité mais lui fournit au contraire un socle indéracinable.

PRENDRE LA PAROLE EN PUBLIC

Prendre la parole en public vous a toujours mis mal à l'aise ?

Vous osez rarement faire état de votre point de vue en réunion ?
Le défendre ?

Animer une réunion vous embarrasse ?

En suivant l'ensemble des procédures que nous venons d'examiner, vous parviendrez (sous quelques mois au maximum) à maîtriser votre communication orale face à un public élargi.

7 Programme d'action sur 1 mois

Point de départ

Les lecteurs attentifs auront certainement constaté par eux-mêmes à quel point chaque chapitre de ce livre insiste sur *l'importance du facteur temps.* Le succès, rappelons-le, provient certes des talents, intuitions, perceptions et réflexions, ou même traits de génie, mais également, pour une très large part, du travail à long terme.

Méfiez-vous des démarrages foudroyants, des enthousiasmes faciles et des réussites... sans lendemain. Tôt au tard, les difficultés apparaissent dans tout travail personnel de valeur. Obstacles, difficultés et retards font partie intégrante de tout processus d'évolution. Vouloir les éliminer équivaut à briser net le moteur du progrès personnel. En effet, que penser d'un athlète qui, sous prétexte d'efficacité ou d'agrément, voudrait améliorer ses performances en s'entraînant avec des haltères de plus en plus légers ? Pour poursuivre l'analogie sportive, la question clé est celle-ci : quel programme et quelles charges devez-vous adopter – et adapter – pour développer au mieux votre assertivité ?

Établissez votre liste d'objectifs

La réponse tient en une exigence et un mot.

L'exigence : se fixer une série d'objectifs précis et réalistes.

Le mot : planification (développement d'une action dans le temps).

C'est pourquoi, avant de vous lancer dans l'exécution du programme sur 1 mois que nous vous proposons, faites d'abord le choix suivant.

Premier cas : Vous avez déjà en tête un objectif précis pour tester l'efficacité de l'assertivité et déterminer si cette technique vous convient ou pas. Par exemple, votre objectif principal est de savoir prendre la parole dans une réunion et exprimer votre point de vue sans vous laisser impressionner par les opinions contradictoires. Dans ce cas, reportez-vous directement à la page 109 de ce chapitre où vous allez apprendre à créer votre cycle personnel d'exercices. Mais avant, prenez le temps d'établir une courte liste de cinq objectifs assertifs prioritaires :

– mon objectif n° 1 : ____________________
– mon objectif n° 2 : ____________________
– mon objectif n° 3 : ____________________
– mon objectif n° 4 : ____________________
– mon objectif n° 5 : ____________________

Deuxième cas : Vous n'avez encore aucune idée vraiment précise en tête mais avez assimilé l'essentiel des principes exposés dans les chapitres précédents. Dans ce cas, si vous souhaitez passer à l'action, observez scrupuleusement le programme type présenté dans les tableaux 1, 2 et 3.

Bien sûr, un seul mois de travail, même assidu et intensif, ne suffit pas à développer une assertivité à toute épreuve. Mais au cours de cette période d'exercices quotidiens vous aurez l'occasion d'apprendre à mieux connaître vos talents personnels (et probablement en découvrir certains dont vous ne soupçonniez pas l'existence). Vous allez également devoir faire face à des difficultés imprévues. Bref, après quelques semaines de travail, *vous serez passé(e) de la théorie à la pratique* et de l'examen des principes à l'expérience concrète. Et c'est cette expérience qui servira de base à la création des programmes de travail que vous ne manquerez pas de concocter dans un futur proche. C'est pourquoi, préparez-vous dès maintenant.

L'erreur à éviter, en assertivité comme ailleurs, est de vouloir se soumettre de façon coercitive à un schéma trop rigoriste et figé.

Cette volonté de bien faire est certes louable mais le plus vite possible vous devez apprendre à constituer par vous-même vos programmes d'exercices et adapter les principes à vos besoins et objectifs réels. Le développement personnel bien compris ne consiste pas à mettre les gens en uniforme et à leur imposer un schéma de pensée unique (*cf.* Chapitre 8). Les techniques ne sont que des outils et rien d'autre. En aucun cas elle ne doivent se substituer à la réflexion ou à l'esprit critique. Et l'apprentissage d'une technique ne doit devenir en aucun cas une finalité.

Une fois prise votre décision d'exécuter le programme type, selon votre degré de motivation, reprenez l'étude des chapitres 1, 2, 3, 4, 5 et 6. Ce travail de relecture attentive vous permettra d'entrer plus directement et plus facilement dans l'application du programme type.

Première décade

Le programme type est divisé en trois périodes de 10 jours soit 30 jours au total. Chaque tableau contient des notations alphabétiques correspondant à un exercice particulier. Sous chaque tableau, vous trouverez donc l'équivalence pour chaque lettre. Observez l'enchaînement des différentes techniques à effectuer tout au long de la journée. Bref, mettez-vous mentalement dans l'état d'esprit requis : volonté d'action, énergie, motivation, joie anticipée d'atteindre des résultats.

Tableau d'exercices pour la première décade

Jour 1	A	B	C	D
Jour 2	A	B	C	D
Jour 3	A	B	C	D
Jour 4	A	B	C	D
Jour 5	A	B	C	D
Jour 6	A	B	C	D
Jour 7	A	B	C	D
Jour 8	A	B	C	D
Jour 9	A	B	C	D
Jour 10	A	B	C	D

Équivalences alphabétiques :

A : Le matin, avant votre départ pour votre journée de travail, prenez le temps de lire, dans la partie 2, la liste des critères d'une bonne estime de soi. Laissez votre réflexion et votre intuition jouer avec les idées développées. Durée : de 1 à 2 minutes.

B : À un moment donné de la journée, que vous choisirez en fonction de vos obligations et contraintes, profitez d'un moment de rupture (pause déjeuner par exemple) pour lire, toujours dans la partie 2, les critères d'une mauvaise estime de soi. Durée : de 1 à 2 minutes.

C : Le soir, après le dîner ou autre, prenez quelques instants pour étudier le tableau synoptique sur l'estime personnelle (partie 2). Durée : 2 minutes environ.

D : Si vous en avez le loisir, avant de vous endormir, représentez-vous mentalement l'image d'une personne qui selon vous manque d'estime personnelle (timidité excessive, sentiment d'infériorité face aux autres...) puis, immédiatement après, faites l'évocation mentale inverse (imaginez une personne épanouie, remplie d'un sentiment de confiance...). Durée : 2 minutes environ.

Prenez maintenant quelques instants pour noter dans le cadre prévu à cet effet vos réactions, remarques ou éventuelles critiques. Par exemple, l'examen du programme peut très bien provoquer chez vous des pensées de ce type : « C'est bien joli tout ça mais je doute que ça produise des résultats. » Ne vous censurez surtout pas et laissez les émotions se manifester. Consignez par écrit les cinq réactions les plus significatives à vos yeux (nous les retrouverons page 113).

1. : ....
2. : ....
3. : ....
4. : ....
5. : ....

Deuxième décade

La deuxième partie du programme reprend un schéma identique à celui de la première décade.

Tableau d'exercices pour la deuxième décade

Jour 1	E	F	G	H
Jour 2	E	H	G	D
Jour 3	D	F	G	C
Jour 4	A	F	G	D
Jour 5	A	E	G	H
Jour 6	A	F	G	C
Jour 7	A	H	G	D
Jour 8	F	C	G	H
Jour 9	A	F	G	H
Jour 10	A	F	G	H

Équivalences alphabétiques :

E : Au cours de cette période de 10 jours, identifiez une personne de votre entourage professionnel avec laquelle vous entrez facilement en conflit. Par exemple, si vous avez spontanément tendance à la contredire quand elle s'exprime, adoptez maintenant une stratégie inverse. Recensez les points d'accord, les analyses communes, les convergences d'opinion. Ce processus n'a rien d'artificiel tant il est rare de se trouver totalement et constamment en accord ou en désaccord avec quelqu'un. Restez cependant mesuré(e) dans votre attitude ; votre interlocuteur comprendrait mal un trop brusque revirement de comportement. Procédez par étapes successives tout au long de cette période de 10 jours. Bien entendu, ne revenez pas à votre ancienne attitude une fois achevé le cycle de 10 jours !

F : Le soir ou le matin passez en revue les droits assertifs d'autrui (*cf.* Chapitre 3, « Vos droits assertifs et ceux des autres »). Imprégnez-vous petit à petit des idées exposées et appliquez-les dans votre expérience quotidienne. Durée : de 1 à 2 minutes.

G : Au moins une fois au cours de la journée, prenez quelques minutes pour entrer en écoute active avec un collaborateur ou un collègue ou une personne de votre entourage immédiat. Adoptez une attitude d'ouverture et de neutralité et bien évidemment, restez discret(e) sur les éventuelles confidences que vous serez éventuellement amené(e) à recueillir.

H : Si vous avez une critique (justifiée et motivée) à adresser à un tiers, entraînez-vous à le faire en mode assertif (*cf.* Chapitre 3, « Savoir formuler vos critiques »). Si au cours de la journée aucune occasion de pratiquer cet exercice ne se présente, profitez-en pour corriger votre attitude personnelle. Par exemple, vous êtes peut-être trop volubile, ou bien êtes-vous de ceux qui tendent à confondre flots de paroles et assertivité ? Vous laissez-vous aller à des propos intempestifs quitte à les regretter ensuite ? Bref, tout au long de votre journée de travail, livrez-vous à de courts moments d'auto-surveillance. En particulier, notez si dans votre comportement général dominent des attitudes de fuite, d'attaque ou de manipulation (*cf.* Chapitre 3, « Clés pour une résolution positive des conflits »).

Vos observations par rapport au tableau d'exercices pour la deuxième décade :

1. :...
2. :...
3. :...
4. :...
5. :...

Troisième décade

Troisième et dernière partie de votre programme type.

Tableau d'exercices pour la troisième décade

Jour 1	I	J	K	L
Jour 2	I	J	G	K
Jour 3	I	J	H	K
Jour 4	D	J	H	K
Jour 5	I	J	G	K
Jour 6	B	J	G	K
Jour 7	E	J	F	K
Jour 8	A	J	F	L
Jour 9	I	J	H	L
Jour 10	A	J	G	L

Équivalences alphabétiques :

I : À un moment de la journée que vous choisirez, refaites le test présenté dans le chapitre 4 « Vos ancrages spatiaux ». Tout au long de la troisième décade, observez votre comportement et celui des autres. Comparez les résultats de votre auto-évaluation avec vos observations quotidiennes. Durée : 5 minutes.

J : De préférence le soir, prenez un moment de solitude pour pratiquer l'imprégnation mentale orale ou écrite. Par exemple, vous pouvez répéter la phrase « Moi X, je sais être moi-même face aux autres. » Durée : 10 minutes environ.

K : Visualisez-vous en tant que personne assertive. Ressentez intérieurement le sentiment d'accomplissement que vous éprouvez à savoir, par exemple, développer une communication harmonieuse et positive avec les autres. Laissez votre esprit jouer avec les images mentales positives tout au long de la journée, mais aussi dans la phase précédant l'endormissement.

L : Cet exercice est en quelque sorte une synthèse sur l'imprégnation mentale en vue de dynamiser votre pouvoir assertif. Concrètement, durant votre séance du soir, pratiquez les exercices J + K + C. Durée : 10 minutes environ.

Vos observations par rapport au tableau d'exercices pour la troisième décade :

1. : ____________________
2. : ____________________
3. : ____________________
4. : ____________________
5. : ____________________

Synthèse et nouveaux cycles d'exercices

Une fois que vous avez assimilé le processus dans son ensemble, exercez votre créativité en gardant bien toujours à l'esprit ce maître-mot : *organisation*. Vous pouvez par exemple choisir de travailler en cycles 2 x 15 jours ou en rester au schéma 3 x 10 jours + 1 journée consacrée à un utile récapitulatif du mois écoulé. Dans tous les cas de figure, procédez en deux temps :

– faites impérativement *une synthèse claire et objective* de vos programmes d'exercices avant d'en concocter de nouveaux (déroulement, obstacles, réflexions, expériences…) ;
– établissez *un plan d'action* en fonction d'objectifs choisis avec soin. Par exemple, si vous souhaitez améliorer la qualité de votre relationnel, représentez-vous une image bien claire du résultat que vous souhaitez obtenir et sélectionnez les techniques et exercices spécialement consacrés à cet aspect. Ce livre vous fournit une base complète d'exercices qu'il vous appartient maintenant d'adapter à vos besoins et à vos centres d'intérêt.

Pour réaliser des synthèses faciles à consulter, le plus simple est de créer de courts tableaux synoptiques dont voici un exemple.

Période du .... (des datations précises sont indispensables pour vous aider à suivre vos progrès dans le temps) :

Exercices pratiqués :

Objectif initial :

Résultat(s) obtenu(s) au terme du programme :

Principaux atouts (Ce qui vous a paru facile) :

Principaux obstacles (Ce qui vous a paru difficile) :

Commentaire général (impératif) :

Note globale sur 10 (facultatif) :

Remarque : Évitez les commentaires trop longs et les explications trop nombreuses. Pour être exploitables, c'est-à-dire vous renseigner sur l'évolution de vos progrès réels, vos synthèses doivent rester concrètes, factuelles. Par ailleurs, si vous souhaitez aller plus loin dans l'auto-analyse et l'introspection, n'hésitez pas à débuter la rédaction d'un journal intime où vous consignerez les interrogations, anecdotes ou réflexions sur votre travail de développement personnel. Une telle pratique peut se révéler extrêmement enrichissante et gratifiante. En particulier, elle vous aidera à mieux cerner votre personnalité et donc à mieux tirer parti de votre potentiel. Ne confondez pas pour autant introspection et introversion. La réflexion est absolument nécessaire mais n'oubliez jamais que l'action l'est tout autant !

Pour constituer vos programmes d'exercices, enfin, inspirez-vous de ce tableau type :

Mon programme de travail pour la période du... au...

Exercices	1	2	3	4
Jour 1				
Jour 2				
Jour 3				
Jour 4				
Jour 5				
Jour 6				
Jour 7				
Jour 8				
Jour 9				
Jour 10				

Commentaire : Dans la pratique, évitez de faire plus de 4 à 5 exercices différents par jour d'une durée totale de 20 à 30 minutes. Ainsi, mieux vaut enchaîner deux programmes de 10 jours comportant chacun 3 exercices plutôt que de pratiquer 6 exercices sur une seule décade. Avec l'entraînement vous verrez vos capacités s'accroître. Ne cédez pas, toutefois, à l'esprit de surenchère et limitez-vous à des programmes compatibles avec vos obligations et votre emploi du temps.

Écueils et obstacles

Malgré votre détermination à réussir, la qualité de vos programmes d'exercices et l'intensité de vos efforts, des périodes de baisse de régime, voire même de découragement, sont à prévoir. Dans toute la mesure du possible, envisagez la situation avec pragmatisme. C'est d'ailleurs dans les moments d'interrogation qu'une organisation préalable révèle toute son efficacité opérationnelle. Le surgissement du doute tend à déstabiliser, déconstruire et désamorcer l'effort entrepris. Pour y répondre, l'unique stratégie est de s'en remettre à l'exécution d'un programme de travail prédéterminé. Bref, mieux vaut travailler quelques jours ou quelques semaines de façon mécanique ou en pilotage automatique, plutôt que d'interrompre un processus évolutif. Avec le risque évident de le briser définitivement. Dans certains cas, la créativité consiste à appliquer des procédures sans aucun état d'âme !

Avec le temps et l'expérience, vous serez en mesure d'enchaîner plusieurs programmes d'exercices, de les interrompre quelques semaines pour les reprendre ensuite avec une énergie accrue. Mais avant d'atteindre cette phase de maîtrise vous devez prendre le parti de la patience et de la persévérance. Ne perdez pas pour autant votre bon sens. Il est parfaitement admissible de faire l'impasse sur une soirée d'exercices en cas d'empêchement important. Ne tombez pas néanmoins dans la facilité qui consiste à ajourner votre travail personnel pour des motifs futiles (visite à des amis, dîner imprévu...).

Ce qui fait obstacle

Le plus souvent, les obstacles dans un programme d'assertivité proviennent d'*une estime personnelle insuffisamment structurée.* C'est pourquoi, n'hésitez pas à méditer régulièrement les bases de l'estime de soi, véritable clé d'accès à l'affirmation de soi. Le schéma comportemental habituel, maintes fois constaté par les spécialistes, se déroule en cinq grandes phases :

- *phase 1* : enthousiasme initial lié à la découverte d'une technique à laquelle on prête des vertus quasi magiques ;
- *phase 2* : premiers essais pratiques et expériences diverses ;
- *phase 3* : apparition des premières difficultés dues aux contraintes inhérentes à la discipline personnelle ;
- *phase 4* : impatience des résultats et premiers doutes sur l'efficacité de la méthode ;
- *phase 5* : propension à l'auto-dénigrement et au découragement excessifs : « Je n'arrive à rien... je n'ai aucune discipline... je ne sais pas comment faire pour m'améliorer. »

Nul n'échappe à ces différentes phases. Le processus est parfaitement logique et normal dans la mesure où briser les habitudes mentales est, à l'usage, très difficile. Conseil pratique : ne péchez ni par outrecuidance ni par défiance envers vous-même. Ces attitudes traduisent un manque d'estime personnelle. La question de l'estime de soi est donc bien l'obstacle majeur sur lequel doit se concentrer en priorité tout candidat sérieux à l'assertivité.

Une autre source d'obstacle considérable est la difficulté à *définir des critères d'appréciation rationnels.* En effet, trop d'individus envisagent l'assertivité sans avoir une vision précise de ce qu'ils attendent de cette pratique. Vouloir devenir assertif pour se « sentir bien » avec les autres traduit une aspiration subjective, certes louable, mais sans réel contenu concret. Par exemple, à quelles manifestations une personne juge-t-elle qu'elle se sent bien en présence des autres ? En fait, tout autant que l'estime personnelle, la précision est une des clés du succès. Consacrez du temps à la définition de vos objectifs, vous ne le regretterez pas.

En troisième lieu, les écueils sur la route vers l'assertivité sont liés à *un manque de connaissance de soi.* Tout au long de ce petit livre nous avons insisté sur les effets défavorables d'une éducation d'où l'introspection est à peu près totalement exclue. Or le développement personnel bien compris réclame un minimum d'auto-analyse.

Contournez les écueils

Pour cerner avec précision vos écueils personnels, reportez-vous maintenant à la fin de chaque tableau d'exercices où vous avez consigné (nous l'espérons) vos observations et impressions. Afin de faciliter votre travail d'analyse, reproduisez-les ci-dessous :

1. : ____________________
2. : ____________________
3. : ____________________
4. : ____________________
5. : ____________________

1. : ____________________
2. : ____________________
3. : ____________________
4. : ____________________
5. : ____________________

1. :
2. :
3. :
4. :
5. :

Vos quinze commentaires traduisent, mieux que n'importe quelle démonstration théorique, vos craintes, doutes, interrogations sur l'assertivité. Or songez que toutes ces observations, à condition d'être sincères et spontanées, représentent les écueils que vous allez devoir reconnaître et bien sûr éviter.

Prenez le temps d'examiner vos remarques « depuis l'intérieur », ressentez-en le climat psychologique, avant de les analyser. *Quelle est leur tonalité générale ?*

– l'ironie ?
– le doute ?
– le sentiment que « tout ça ne sert finalement à rien » ?

Prêtez une attention particulière à cette phase d'examen car vos commentaires traduisent vos pensées réelles sur l'assertivité. Une fois identifiés obstacles et écueils, il ne vous reste plus qu'à les « retourner ». Par exemple, si de vos commentaires se dégage l'idée que les techniques assertives sont inefficaces, bâtissez une affirmation dans le sens opposé : « Moi X, j'utilise avec succès les techniques assertives » ; « Les exercices assertifs renforcent mon pouvoir assertif. »

Ne souriez pas de la désarmante simplicité de la méthode. Souvenez-vous plutôt de ce que nous avons dit de l'imprégnation mentale et agissez en conséquence. De cette façon vous apprendrez à contourner les principaux écueils ou plus exactement à les utiliser à votre avantage. Il n'en tient qu'à vous.

Le temps est votre allié

Nous vivons dans une société où la vitesse et la course contre le temps sont constamment valorisées. La maîtrise du temps devient, pour beaucoup d'entre nous, un facteur anxiogène. Plus le rythme trépidant de la vie urbaine exige de nous une gestion au plus fin de notre capital-temps et moins nous avons le sentiment de dominer notre rapport au temps. Sans faire l'éloge de la lenteur ou des vertus de la patience, nous vous conseillons d'apprendre à prendre votre temps, à le perdre parfois, bref, à vous organiser des plages de temps personnel. Dans une société toujours pressée, réclamer un peu de temps pour soi, à l'entreprise comme au domicile, constitue, en soi, un acte hautement assertif !

Ne vous laissez pas piéger dans la spirale sans fin ni frein de la vitesse et *apprenez à faire du temps votre allié*. Les programmes de travail que nous venons de détailler vous enseignent la procédure à suivre.

Faites jouer l'accumulation en votre faveur

Comme n'importe quel entraînement, les techniques de développement personnel agissent à partir du principe d'accumulation. Toute l'énergie et tous les efforts déployés dans une direction précise deviennent, à la longue, un réservoir de talents et capacités dans lequel il suffit de puiser. Souvenez-vous que chaque jour qui passe est pour vous l'occasion d'exercer vos qualités et de renforcer vos aptitudes.

Nouvelle perspective sur le temps

Si vous décidez de le densifier grâce à votre travail personnel (techniques, exercices, entraînement mental régulier...), le temps ne jouera plus contre vous mais au contraire en votre faveur. Vous devez donc porter un nouveau regard sur votre capital d'heures, jours, semaines, mois et années. Un capital que vous pouvez apprendre à organiser et finalement, à domestiquer. C'est tout l'intérêt, vous l'avez compris, de fonctionner à partir de programmes de travail précisément définis et régulièrement réadaptés au gré de votre évolution personnelle.

8 L'affirmation de soi, clé du développement personnel

Attitude fondamentale

Tout au long de ce livre nous avons vu comment et en quoi l'assertivité constitue une puissante technique de développement personnel. En fait, nous l'avons déjà signalé, travailler l'assertivité enclenche, ipso facto, un intense processus de développement personnel. Et inversement.

Considéré dans son acception la plus large, le développement personnel est un processus psychologique global (intellectuel, affectif, culturel et social) comportant deux phases essentielles :

- par une lente maturation, *l'individu prend progressivement conscience de lui-même,* de ses talents, de ses limites, et s'assigne finalement toute une série d'objectifs (allant de la réussite professionnelle à la sphère privée) ;
- pour atteindre ces objectifs, il *recherche et met en œuvre les moyens concrets* visant à l'épanouissement de toutes ses facultés.

Ces « moyens concrets » sont évidemment les techniques, exercices, plans d'entraînement mental, éventuellement thérapies. Parmi d'autres approches, l'affirmation de soi est un modèle d'action.

L'assertivité comme but et moyen du développement personnel

Mais, s'il est possible d'« entrer » dans la mouvance de l'épanouissement personnel par d'autres modèles que l'assertivité, tôt ou tard, le travail sur l'affirmation de soi s'impose. Pour une raison évidente : parvenir à *développer* et *affirmer* sa propre personnalité constitue en soi un critère tangible de réussite, tout particulièrement dans la sphère sociale. L'assertivité est donc un des buts clés de tout processus de développement personnel celui où l'individu apprend à gérer harmonieusement plusieurs paramètres essentiels :

- automanagement (auto-motivation, auto-organisation, cadrage sur les objectifs à atteindre, auto-analyse...) ;
- le management du relationnel (conduite d'une communication assertive efficace, résolution des conflits interpersonnels, ouverture aux autres et au monde).

Retenez donc que l'assertivité est un formidable raccourci dans votre stratégie de développement personnel. En y regardant de près, vous constaterez qu'*apprendre à s'affirmer pour tirer le meilleur parti des opportunités qu'offre l'existence est à la fois un moyen et un but en développement personnel.* Cette subtilité vous fera gagner à la fois temps, énergie et efficacité. Là encore, ainsi que vous pouvez le constater, il s'agit de buts clairement identifiés en développement personnel !

Assertivité et attitude positive

Dans le même ordre d'idées, entretenir une attitude positive face aux événements et éventuels obstacles renforce le pouvoir assertif d'un individu. Il y a donc lieu d'établir un parallèle, sous l'angle du développement personnel, entre attitude positive et affirmation de soi. Comme son nom l'indique, *l'attitude positive peut se définir comme la capacité de rester constructif et créatif malgré les difficultés et l'adversité.*

Supposons que vous tombiez en panne au beau milieu de nulle part. Au lieu de vitupérer inutilement (« C'est toujours à moi que ça arrive ces choses-là ! ») vous vous réjouissez au contraire d'avoir pensé à recharger votre téléphone portable et d'avoir pris avec vous votre liste de numéros d'urgence. Le truc, si truc il y a, est toujours le même : s'exercer à l'esprit positif en cas de menus incidents, permet d' « encaisser » par la suite les chocs beaucoup plus importants. Évitez cependant deux contresens :

- croire que l'attitude positive équivaut à nier purement et simplement l'existence des problèmes. La réalité comporte des aspects négatifs qu'il serait illusoire de refuser de reconnaître ;
- réduire l'attitude positive à la pratique d'une série d'exercices spécifiques (imprégnation mentale, techniques de visualisation...).

L'attitude positive bien comprise revient à mettre l'accent sur les côtés profitables, utiles, intéressants et enrichissants de chaque situation sans jamais, répétons-le, en nier les aspects limitants. À cet égard, l'un des meilleurs exemples qu'on puisse trouver comme illustration de ce principe est le... licenciement économique. Même dans une situation aussi délicate et difficile à vivre au quotidien, il est rare qu'un changement aussi radical du mode de vie ne comporte pas au moins un aspect positif. Par exemple, possibilité de prendre enfin le temps de suivre une formation professionnelle adaptée, de s'inscrire à un stage, de renouer des contacts utiles, de faire certaines lectures profitables, etc. Sans bien sûr sous-estimer l'étendue du problème et de ses conséquences, concentrez-vous (si vous êtes dans ce cas de figure) sur les perspectives et opportunités. Or c'est exactement cela l'attitude positive.

Celle ou celui qui développe consciemment cet état d'esprit, au point d'en faire une règle de vie, saura faire preuve d'assertivité au cours d'un entretien d'embauche ou d'une rencontre importante. Loin de se présenter à son futur employeur comme la énième victime de « l'horreur économique », cette personne mettra au contraire toute son énergie et sa conviction à démontrer son employabilité. Une attitude qui, au bout du compte, peut faire toute la différence.

Sur un plan pratique et opérationnel, la meilleure façon de développer en vous une attitude positive durable est d'apprendre à vous concentrer volontairement sur... *l'instant présent.* Examinons ce point.

La stratégie du « ici et maintenant »

En effet, pour ancrer en vous une attitude positive, abordez la stratégie du « ici et maintenant ». Ce concept permet de mobiliser immédiatement vos énergies constructives et créatives. Il n'y a plus de distance entre le moment où vous prenez une décision assertive et le moment où vous agissez effectivement de manière assertive. Partez du principe que vous êtes la cause de vos représentations, pensées, décisions et actions. À ce titre, vous avez la possibilité de produire des effets. Par votre comportement, vous manifestez différents effets observables dans votre vie. Songez que chaque moment que vous vivez est unique ; si vous le ressentez intensément, c'est-à-dire consciemment, il vous appartiendra vraiment et deviendra partie intégrante de votre expérience de la vie.

Ne pas être présent à soi-même et aux autres revient à admettre que le temps, votre *temps, vous échappe.* On entend souvent dire que pour gagner une compétition, un sportif doit savoir se concentrer sur l'objectif, c'est-à-dire mobiliser tout son talent, sa technique et son attention sur l'événement sportif. Ce faisant, il applique complètement le concept du « ici et maintenant ». Faites de même et cessez d'être la victime de vos doutes car ceux-ci vous détournent de votre bien le plus précieux : votre pouvoir d'action. N'attendez pas que les circonstances vous mettent au pied du mur pour décider d'objectifs et les concrétiser dans l'action. Le but de la concentration sur le concept « ici et maintenant » est donc de dynamiser vos actions assertives.

Rassemblés en douze points, voici les critères qui vont vous aider à définir si vous travaillez (ou non) avec le « ici et maintenant ».

Définition du concept « ici et maintenant »

Ce qu'il est	Ce qu'il n'est pas
Concentration maximum	Dispersion de l'attention
Vivre chaque instant intensément	Être constamment distrait
Agir immédiatement après décision	Remettre au lendemain
Faire ce qu'il faut	Essayer sans conviction
Mobiliser toute son énergie	S'économiser à l'excès
Agir de façon adéquate	S'agiter sans stratégie
Trouver les solutions	Réagir sans réfléchir
Être motivé	Être démotivé
Vie vraiment vécue	Vie rêvée
Être cause	Être effet
Être acteur de sa vie	Se sentir toujours victime
S'impliquer dans la vie	Se retirer de la vie

Apprenez à entrer dans la conscience du présent. C'est la meilleure manière de préparer un futur conforme à vos centres d'intérêt et à vos objectifs existentiels.

Le développement personnel en 1 principe et 4 pratiques

Le développement personnel vise donc le plein épanouissement de vos potentialités ici et maintenant. Pour rester dans le schéma opérationnel que je me suis imposé tout au long de ce livre pratique, *j'ai cherché à concentrer à l'extrême ce qu'il convient de savoir du développement personnel appliqué à l'assertivité.* Loin de limiter vos recherches ultérieures, ces éléments vous aideront à conserver en mémoire les points fondamentaux. Ma propre méthode de développement personnel s'appuie sur un principe et quatre pratiques.

Le principe : « Tout individu peut opérer par lui-même, au moins partiellement, des changements positifs. »

Les quatre pratiques :« Maîtrise de soi, attitude positive, relaxation, relation corps/esprit ».

Commentaire général :

- L'*individu* dont il est ici question n'est autre que le sujet conscient de lui-même et parvenu à un certain stade d'autonomie ; équilibre psychologique général, degré de maturité, niveau de socialisation. Autant dire que le développement de la personnalité ne saurait en aucune manière se substituer à l'action thérapeutique et encore moins clinique. Contrairement à de nombreuses confusions des genres véhiculées par des auteurs peu rigoureux, le périmètre objectif du développement personnel complète mais ne remplace pas l'intervention, quand elle s'avère nécessaire, des spécialistes de la psyché humaine (psychiatres, psychologues ou psychanalystes).
- L'expression *au moins partiellement* signifie que le développement personnel n'est pas une baguette magique mais une méthode de travail qui exige organisation, efforts, attention et esprit critique. C'est dire si le sens des réalités ne doit jamais perdre ses droits. La pratique de l'assertivité ne fait pas exception à cette règle d'élémentaire prudence.
- Les *changements positifs* que revendique le développement personnel, en tant que champ de connaissances, reprennent largement

le contenu (théorique et pratique) de l'assertivité : apprentissage de la maîtrise de soi, gestion des objectifs, attitude positive, résolution des conflits, amélioration des relations interpersonnelles (aussi bien dans la vie sociale que dans la sphère psycho-affective).

Matrice globale de l'épanouissement personnel

Pour conclure, j'ai formalisé à l'aide d'une matrice, le processus global de l'épanouissement personnel. Méditez régulièrement cette matrice. À sa manière, elle synthétise, les principes et pratiques de base du développement personnel... tels que je me les applique à moi-même. La mise en œuvre concrète de cette matrice va considérablement augmenter votre potentiel assertif dans tous les domaines de votre vie.

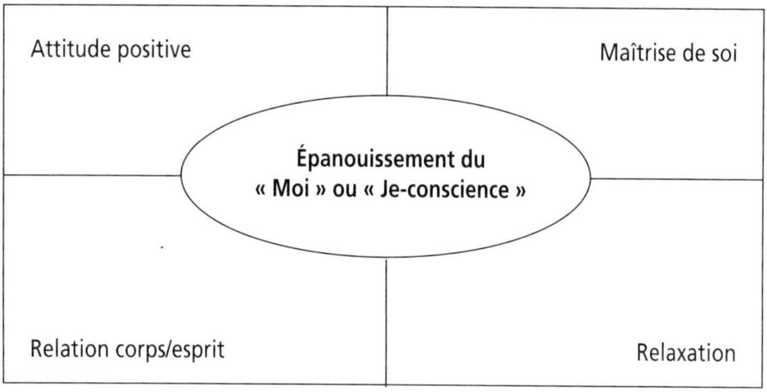

Quelques remarques

Remarque 1 : Le but de l'épanouissement personnel est de faire rayonner le Je-conscience (c'est-à-dire la perception qu'un individu a de lui-même) vers le monde extérieur. Pour accéder rapidement et facilement à votre Moi, placez-vous dans la conscience du ici et maintenant. Concentrez toute votre attention sur l'instant présent sans vous laisser distraire par la rumination du passé ou l'anticipation du futur. Bref, *choisissez de vivre au présent* et non plus au passé ou au futur !

Remarque 2 : Chacune des quatre pratiques est en interaction avec toutes les autres. C'est pourquoi, dans la matrice, ne figurent ni flèches ni chiffres indiquant une quelconque hiérarchie entre les pratiques. En d'autres termes, utiliser l'attitude positive pour entrer en contact avec le Je-conscience n'est pas « supérieur » ou « plus efficace » que d'utiliser la relation corps/esprit. Le développement personnel ne cherche pas à mettre les gens en uniforme et encore moins à leur imposer un schéma d'évolution linéaire. *Chacun doit trouver et construire par l'expérience son propre cheminement.* C'est d'ailleurs tout l'intérêt et la force de l'épanouissement personnel. Nous devons faire au mieux de nos possibilités et de nos talents pour essayer de vivre notre propre vie !

Mais allons plus loin. Imaginons que pour développer votre pouvoir assertif vous décidiez de reprendre une activité sportive assez soutenue (séances pluri-hebdomadaires). Vous partez alors de la subdivision relation corps/esprit (la forme physique agit favorablement sur l'état d'esprit général et inversement) comme moyen de renforcer votre personnalité. Souvenez-vous qu'en soi, la pratique sportive assidue est une authentique technique de développement personnel... au figuré comme au sens propre ! Pour progresser dans votre programme sportif, vous allez automatiquement travailler la maîtrise de soi (savoir respecter une certaine discipline personnelle), mais également l'attitude positive (savoir surmonter les moments de démotivation ou simplement de fatigue). Et bien évidemment, pour récupérer de vos efforts physiques répétés, la pratique d'exercices de relaxation sera toujours la bienvenue. Autant dire que, très vite, et sans même vous en rendre compte, vous allez boucler la boucle et travailler simultanément chacune des quatre pratiques à partir d'une seule activité.

Piqûre de rappel

Toutes les techniques de l'affirmation de soi développent chez l'individu l'intuition de cette entité psychique fondatrice de la personnalité : le *Moi/Je-conscience*. En cela, l'assertivité est une clé de développement personnel particulièrement puissante et opérationnelle puisqu'elle stimule constamment – et consciemment – toutes les ressources de votre Moi. Il y a donc adéquation évidente entre épanouissement de la personnalité et affirmation de soi.

Pour terminer cet ouvrage, un court récapitulatif en forme de piqûre de rappel va vous aider à resituer instantanément les concepts essentiels de l'assertivité.

Un dernier conseil : photocopiez cette liste et gardez-la toujours à portée de main pour la consulter régulièrement et vous en imprégner progressivement.

Faites-vous une piqûre de rappel à chaque fois que vous sentez une baisse de motivation dans votre programme assertif.

Sous une forme encore plus synthétique, cette liste reprend le contenu des tableaux synoptiques et des auto-évaluations figurant dans les différents chapitres de ce livre (à chaque fois le principe est suivi d'un rappel des principales techniques).

L'AFFIRMATION DE SOI, CLÉ DU DÉVELOPPEMENT PERSONNEL

Principes et techniques d'assertivité

• *Principe* : la finalité de l'affirmation de soi est d'établir une boucle d'interaction entre automanagement (gestion des ressources personnelles) et management des hommes (gestion des relations humaines dans un sens positif et constructif).
L'automanagement vise à renforcer le lien avec le Moi/Je-conscience et à en tirer toutes les ressources.

• *Techniques* : renforcer ce lien exige de développer un fort sentiment d'estime personnelle et de travailler l'attitude positive (savoir mettre en évidence l'aspect enrichissant de chaque situation rencontrée sans oublier une pratique régulière de l'imprégnation mentale).

• *Principe* : le management des hommes implique une maîtrise progressive de la communication personnelle et interpersonnelle.

• *Techniques* : écoute active des autres, respect des différences de points de vue, résolution positive des conflits par les contrats assertifs, expression orale.

Caractères d'une personne assertive

C'est une personnalité :

- *consciente* (capable de réfléchir sur le sens et la portée de son action, de ses effets sur les autres, et de les faire respecter par les autres sur la base d'une négociation) ;
- *autonome* (en mesure de mettre par elle-même en œuvre ses propres décisions et de les appliquer dans la durée) ;
- *responsable* (de sa communication, de l'image qu'elle véhicule et bien sûr des conséquences concrètes de son action) ;
- *ouverte* (tout en restant lucide, l'individu assertif croit à ses possibilités de progrès et à celles d'autrui).

ici et maintenant

Conclusion

Conçu comme un guide pratique, offrant les moyens concrets pour passer de l'idée à l'action, ce livre s'est donné pour objectif de vous présenter, nous l'espérons, un large panorama de tests, questionnaires, auto-évaluations, exercices et techniques. Sans oublier les indispensables conseils, voire les éventuelles mises en garde.

Au terme de la lecture de ce livre, vous disposez des éléments de réflexion et des outils nécessaires pour arrêter un plan d'action précis et adapté.

Mais l'objet de cette conclusion est d'insister, une dernière fois, sur l'*efficacité du travail à long terme* quand il est effectué selon des cycles bien déterminés.

Vous pouvez, par exemple, décider de travailler à fond le contenu d'un chapitre durant une période donnée (par exemple, de quelques semaines à plusieurs mois). Comme n'importe quelle aptitude, l'assertivité demande un minimum de temps et de persévérance. Faites du développement de votre assertivité un investissement personnel à long terme. Vos efforts seront largement récompensés.

Mais dans tous les cas de figure, prenez dès maintenant l'habitude de créer des programmes de travail adaptés à vos besoins spécifiques. Souvenez-vous que vous devez adapter les techniques à vos aspirations et objectifs personnels et non l'inverse. Bien que nécessaires, les exercices et techniques ne constituent cependant pas une finalité satisfaisante. Dites-vous bien que ce point est crucial.

Parallèlement, réexaminez régulièrement, au moins une fois par an, les principes de base de l'affirmation de soi pour maintenir un haut niveau de motivation et de détermination, car le poids des habitudes tend toujours à émousser et dissoudre les meilleures volontés. Cette auto-motivation régulièrement réaffirmée est le secret de toutes les grandes réussites individuelles ou collectives.

Enfin, puisque le développement personnel est une école d'interactivité et d'échange, n'hésitez pas à me faire part de vos remarques, critiques et suggestions… assertives.

Donc, je vous dis … à très bientôt !

Bibliographie

Bidot N. et Morat B., *D'un monde à l'autre. Exercices de Programmation Neuro-Linguistique à pratiquer au quotidien,* InterÉditions, 1993.

Boisvert J.-M. et Beaudry M., *S'affirmer et communiquer,* Éditions de l'Homme, 1979.

Bower S.A. et G., *Asserting Yourself,* Addison-Wesley, 1976.

Chalvin D., *L'Affirmation de soi,* ESF, 1980.

Cudicio C., *Développement personnel,* Éd. d'Organisation, 1995.

Dovero M. et Grébot E., *Enseigner, former, conseiller avec la PNL,* ESF, 1992.

Ducatte J.-C., *Après la crise, l'entreprise post-taylorienne,* Éd. d'Organisation, 1995.

Paul-Cavallier F., *Visualisation. Des images pour des actes,* InterÉditions, 1998, 2e édition.

Prod'homme G., *Maîtrisez votre timidité,* Presses du Management, 1993.

Rochefort R., *Le Consommateur-entrepreneur,* Éd. Odile Jacob, 1997.

Steiner C., *L'A.B.C. des émotions. Développez votre intelligence émotionnelle,* InterÉditions, 1998.

Du même auteur

Pensez positif, Presses du Management, 1993

Se faire des amis, c'est facile (co-écrit avec Chantal Siebenfoercher), Presses du Management, 1994

La Visualisation positive, Presses du Management, 1994

044086 - (II) - (2) - OSB 100° - LEB

Achevé d'imprimer sur les presses de la
SNEL S.A.
Rue Saint-Vincent 12 – B-4020 Liège
tél. 32(0)4 344 65 60 - fax 32(0)4 343 77 50
mai 2000 – 16546

Dépôt légal : mai 2000
Dépôt légal de la 1re édition : 2e trimestre 1998